先輩ワーママと考える

仕事と育児のちょうどいいをみつける本

あい／あこ／さゆ／のま／まみ・著

ゆままま・イラスト

HAGAZUSSA BOOKS

はじめに

この本を手に取ってくれたあなたへ

今、この本を手に取っていただいているあなたは、今すでにワーキングマザー（以下、ワーママ）で毎日、目の回る忙しさの中で家事に育児に子育てにがんばっている人かもしれません。出産を控えたプレママかもしれないし、まだ結婚も出産も予定はないけれど漠然と「ワーママ」になることに不安を抱いている人かもしれません。

私たちは少し先に育児を経験した、先輩ワーママです。毎日、自転車操業で、息切れしながら走っています。仕事に悩み、子育てに悩み、夫婦関係に悩み……。そんな苦悩を共にしてきたワーママ仲間でこの本を作りました。

【読んでほしいのはこんな人】

✓ 現在妊娠中のワーママ予定者で、
産後や復職後になにが起こるのか知りたい人

✓ 結婚や出産、復職をしたいけれど、
先輩ワーママが近くにいなくて不安な人

✓ 今まさにワーママで日々の生活にヘトヘト
だけど解決の糸口が見えない人

✓ 復職をしたワーママを支えたいけれど、どうすべきかが
わからずに不安なパートナーや上司・同僚

少しでも当てはまったり、ママ／社会人としての自分に不安があったり、葛藤があったりしたら、そっと先輩ワーママに相談するような気持ちで読んでもらえるとうれしいです。

【この本を読んで得られるもの】

✓ 産後 → 復職後までに起こりがちな問題を
ざっくり時系列で理解して、準備&対応できる

✓ 悩んでも大丈夫！ 先輩ワーママがどう悩み、解決して
いったのか経験談をたくさん知ることができる

✓ 思い込みや世間の常識に囚われず「自分の中の
仕事と育児のベストミックス」を見つけられる

✓ パートナーや職場の上司・同僚との
コミュニケーションをサポート。
“ママだけがしんどい”日常から脱却できる

この本を書くに至ったきっかけ

本を読み進める前に、私たちがなぜ、そしてどんな思いでこの本を作ったのか。最初にお話しさせてください。

もともと、日本での子育て、特にワーママの子育ては自分も含めてどうしてこんなにも悲壮感が漂ってしまうのか、と思っていました。理想のママ、理想のパートナー、理想の社会人でありたくて、たくさんの理想や目標を持ってがんばっているはずなのに、なぜか苦しい、つらい、イライラしてしまう。「いつも

ニコニコしたママでいたいのに、今日も怒ってしまった」「パートナーはなんで手伝ってくれないの?」とイライラ、仕事も思うように進まず申し訳なさでモヤモヤ。このイライラやモヤモヤはどこからきているのだろう、と考えたことがきっかけでした。

そこで、ママ友だった著者たちみんなで「子育てでモヤモヤしたこと」を共有してみました。するとびっくりするくらい、同じタイミングで同じ悩みにモヤモヤしていたことがわかりました。生まれも育ちも環境も違う、ただ「ワーママ」のみが共通点の私たちが、なぜこんなにシンクロするのかを深掘りしていくと、1つの結論にたどり着きました。

これって全部バイアス＝思い込みじゃない?

私たちが面白いほど一緒につまずいた悩みには、1つの共通点がありました。それは、ある種の「無意識のバイアス」、つまり「思い込み」が存在していた、ということです。

みなさんも、こんな自分でありたいと思っていませんか?

［バイアスの一例］

- 母乳で育て、ごはんは手作りなのが愛の証し!
- いつもニコニコ、子どもの一番側に寄り添っているのがいいママ!
- ピカピカの家と、ホカホカのごはんを用意してこそいいママ!
- いつでも呼び出しOKで、いつでも出張OKな社員が評価される!

まったくおかしくはないと思います。でも本当にこれがいいママで、いい妻で、いい社会人でしょうか。これをすべて1人で完璧にこなすなんて至難の業ですし、そもそもこれが本当にあなたの望む自分の姿なのでしょうか?

知らず知らずのうちに、社会が、教育が、両親が、パートナーが、そして私たち自身が自分に植えつけた「無意識のバイアス＝あるべき姿の思い込み」が確実に私たちの前に立ちはだかっていることに気がつきました。

2人目で感じたバイアスからの解放

そして、もう1つ気が付いたことがあります。私たちはみんな子どもが2人いるのですが、2人目の育児・仕事との両立が、1人目よりも格段に楽だったということ。もちろん生き抜くためのテクニックが蓄積された部分も大いにありますが、もう1つ重要なポイントが「バイアスから無意識のうちに解放されていた」ことだと気がつきました。

「母乳育児にこだわっていたけど、ものすごく大変だったし、結局ミルク使ってもみんな元気に育っているな、じゃあ2人目は混合で無理なく育てようかな」とか、「ベビーシッターさんに預けるのがかわいそうな気がしてずーっと躊躇してたけど、思い切って預けたらいいことだらけだったし、2人目はもっと有効にシッターさんを活用しよう!」とか。1人目の子育てや家事・仕事の両立をしていく中で、実体験として「あぁ、これはただのバイアスで、縛られる必要のないものだったんだなぁ」と認識し、より自分が望む姿、ストレスのない環境へショートカットできるようになっていったのだと思います。

この経験を受け継ぎたい!

ワーママは多くの場合、子どもの年齢が近い仲間でコミュニティを築くことが多く、その中で悩みの相談や情報交換がなされていきます。そのため、子どもの年齢が上がるごとに過去の記憶は風化していき、その生きた情報がまとまって次の世代に受け継がれていくことはほぼありません。

でも、ワーママが先輩たちの踏んで行った轍に触れ、悩みの中に潜む「無意識のバイアス」の正体を事前に知っていれば、活用できる商品やサービスなどを理解していれば、パートナーや周囲の人とのコミュニケーション術の知見があれば、みんなが初めての子育てでも「2人目育児」の気持ちで、子育てと仕事をベストバランスで設計できるのに、なんてもったいないの! そんな思いからこの本を作り始めたのです。

著者たちを悩ませた、お悩みはこれ！

第2子出産を経て、子育てと仕事のペース配分を
なんとなくつかめている著者たち。
でも第1子出産当時は、右も左もわからない新米ママでした。
そんな著者たちが囚われたバイアスと、仕事との両立の難しさをご紹介！

あい

年子育児に
奮闘する
テニス好きママ

実母のような「理想の母親」像に囚われすぎていた私

　実母をモデルとする「理想の母親」像に囚われていることに気づきながらも、それをあきらめることに時間がかかりました。例えば、食事。実母は専業主婦で、常に食卓には“焼き立て、炊き立て”が並んでいたんです。

　でき立ての食事を帰宅後にすぐ出すために、朝5時から夕飯を作った時期も……。結局、少しずつ「やらない」を積み上げていき、自分で「手作りじゃなくても大丈夫だな、子どもが泣いたからってすべてを捨ててかけつけなくても大丈夫だな」と納得したことで、理想像を徐々に手放せるようになりました。

あこ

専門職
個人事業主
男子ふたりのママ

仕事と家庭のバランス、自分がなにをしたいのかわからなくなった

　労働時間の縛りのないフリーな働き方の私。育児を自分の手でしたいとの思いが強く、自由度を生かして、夕方は早めに仕事を切り上げて、寝かしつけまでは子ども時間にするなど、子どもに寄せた生活を始めたつもりでした。けれど蓋を開けてみると、仕事への理想も断ち切れず、仕事を断れずに受けては、寝かしつけた後の深夜や早朝に仕事をして、子ども時間と仕事時間以外の自分時間を削り、睡眠時間さえなくなる生活に追い込まれていました。

　子育て・家事だけじゃなく、仕事や働き方の面でも「こうしなきゃ」「こうならなきゃ」という思い込みがあったんだ、とようやく気づいたところです。

さゆ

なんでも卒なくこなす
2児の母マーケター

子育て中に希望部署へ、バランスをどう取る!?

復帰直後は子どもの発熱・お迎えコールが多数発生。休むことで周囲に迷惑をかける申し訳なさと、新たな環境に馴染みきれていない感じがし、一人前として働けていない状態で大丈夫だろうか、と悩みました。今は子どもたちも丈夫になり、休むこともなくなりました。

のま

筋トレ好きの
2児のママ

ありとあらゆる無意識のバイアスにひっかかり、手の抜けなかった私

母乳、離乳食手作り、寝かしつけ……いわゆる「よいとされるもの」を徹底しようとしていました。産院や育児雑誌などを通して、「子どもが健やかに育つための基本パッケージはこれ!」と勧められたものを疑うこともありませんでした。子育てに追われる中で、考えるのが面倒だったこともあり、大変だと思いながらも全部愚直に実践し、うまくいかないことでイライラしたり、ストレスをためてしまったりと悪循環に。

ママ友と出会って「こんなに素敵なママにみえるみんなでも手を抜いている部分がある!」という“生の情報”を得て、「がんばりすぎなくても大丈夫」とようやく気づけるようになりました。

まみ

双子育児、
さらに自身の難病を
乗り越えたママ

双子育児と闘病で母としての限界を感じて落ち込む日々

子どもたちはかわいい一方で、大変と聞いていた双子の育児に追われました。授乳やおむつ替えを夫婦で分担しても、毎日2〜3時間睡眠の日々が続き、おかしくなりそうに……。また出産と同時に難病を患って絶対安静となり、いろんな人に助けてもらって乗り切ることができましたが、理想の母親になりきれない自分の不甲斐なさに落ち込む毎日で、今思えば産後うつの状態だったのかもしれません。

復職後しばらくはすべてに全力投球。何度か体調を崩しながら数年かかってできることとできないことがわかり、バランスが取れるようになりました。

本書の読み方

第1章 ワーママお悩みタイムライン

【**ワーママお悩みタイムライン**】では、働きながら子どもを持つあなたに訪れるイベント、陥りやすい無意識の思い込みをタイムラインをベースにしてまとめています。タイムラインに沿って順番に読み進めるもOK、困っている問題のところだけ抽出してもOKです！ 各項目で起きやすいトラブル、バイアスを払拭するための知識やTips、先輩ママたちの経験談、パートナーとのコミュニケーションのポイントなどをまとめています。なぜ自分がモヤモヤしていたのかを知り、正しい知識を元に自分にとってはどう解決するのが合っているのかを、先輩ワーママの経験も参考にしながら考えてみてください。

3STEPでお悩みを

因　数　分　解

脱 バイアス

実は無意識の思い込みであることを認識

正 しく知る

専門家のお話やデータを見ながら正しい知識を持つ

対 処する

使えるTipsや先輩ワーママのお話、
パートナーの巻き込み方から自分にあった対処法を探る！

ワークTIMEで自分で考えるクセをつけ、
自分の"ちょうどいい"choiceに近づく

ワーママお悩みロードマップ

START

1 赤ちゃんとの生活がスタート♡のはずが……
産後のメンタルジェットコースター問題

2 産まれたら出るんじゃないの!?
VS母乳神話

3 眠いなら泣かずに寝ておくれ
赤ちゃんがとにかく寝ない問題

4 あれ、私1日なにしていた?
赤ちゃんのお世話以外なにもしてない問題

5 うちの子、まだ寝返りしない……
発達マウント

6 手作り離乳食は愛の証し?
離乳食問題

7 保活情報一気だし
保活どうする?

第3章❶ 保育園準備 P126

第3章❷ 復職準備 P135

8 あんなに泣いていて大丈夫?
保育園慣れ

9 ママがいないとかわいそう!?
お熱問題

10 3歳になったら終わるんじゃ?
「イヤイヤ期」との戦い

11 平日は毎日戦場、時間を取れない罪悪感
子どもとの時間がない!

12 掃除・料理・洗濯……手がまわらない
家事が溢れる!

13 育児関連はママばっかりやってる?
自分の時間がない

14 育児・家事・仕事……全部が中途半端??
ワーママ半人前問題

まだまだ続くよ、お悩みは……

就学準備

小1の壁

転勤・転職?

小4の壁

中学受験

思春期

自身の更年期や体調不良

高校・大学受験

就活

第2章 バイアスフリーな私の未来予想図

【ワークライフデザイン】では、第1章を通して「ワーママはこうあるべき」から自由になったあなたに、ぜひ「なりたい私」を描いてもらいたいと思います。**【ワーママお悩みタイムライン】**を読み終わると、どう子どもと関わりたいと思っているのか、どう仕事と関わりたいと思っているのかなど、自分自身の思い描くスタンスが浮き出てくると思います。その浮かび上がってくる自分の理想を大事に、未来予想図に子どもの成長フェーズに合わせて自分のライフデザインを設計できるワークを用意しました! 先輩ワーママの実際のワークも掲載。忙しい日々の中であなたが「自分」を主語にして人生に向き合う時間にしてください。

第3章 復職準備マニュアル

【目指す働き方を実現するための準備マニュアル】では、第1・2章を通してみつけた、“自分にちょうどいい”ライフデザインを実現するために、**【生活】【復職】**の準備やコミュニケーションのTipsをまとめました。先輩ワーママが身をもって経験した、絶対に引き継ぎたい「あのとき、知っておきたかった!」の集合体です。きっとあなたのワーママライフのお守りになるはず。

答えは人それぞれ。あなたの中にあります。

本書では決して「これが唯一無二の正解だよ!」「こうしておけばOK!」のようにわかりやすい答えを示すことはありません。育児に正解はなく、ママも家族も子どもも、人それぞれ望むことは違うと思うからです。

ワーママのほとんどがつまずく「無意識のバイアス」の正体を詳らかにし、バイアスに対抗するための「真に正しい知識」、バイアスから自由になった先輩ワーママたちが自らどんな選択をしていったのかという「サンプル」を提示し、「それはバイアスだからね。あるべき姿だと押し付けられているだけだからね。その思い込みから抜け出して、本当に自分がベストと思う選択をしてね」と、あなたの背中をそっと押したい。

「なんでこんなにうまくいかないの?」と泣きたい気持ちのあなたに、「バイアスによる理想像のようにならなくて当然。そもそも現実的じゃないし、その通りじゃなくたって誰も不幸にならないから、どうか泣かないで。あなたはあなたのベストバランスがある」と伝えたい。

理想像がどうであっても、あなたが「自分にとって一番心地よい子育て法はコレ」というものを見つけること——本書がそのきっかけとなれば。どこまでを子育てと考えるかは人それぞれですが、20年近くある子育て期。自分らしいバランスを見つけることが、持続可能な子育ての第一歩です。

なので、「そんなこと言わずに、『これさえやっておけばOK!』という“答え”を教えて!」という人にはもの足りないかもしれません。でも、この機会にぜひ「自分の人生」にも向き合ってほしいのです。ワーママは、子どもやパートナーのために“ありたい自分”をどこかであきらめている人が多い。それもまた無意識のバイアスだと思うです。

あなたがこの本を読む前より、少しでも「自分らしく人生を選び取る」あなたになっていただけたらうれしいです。

あい／あこ／さゆ／のま／まみ

CONTENTS

第2章 バイアスフリーな私の未来予想図

第3章 ついに復職! 目指す働き方を実現するための準備マニュアル

CONTENTS

ワーママ
お悩み
タイムライン

ワーママお悩み タイムライン

この章では、産後から復職後に生活が立ち上がるまでという、一番ワーママがモヤモヤしたり悩んだりする期間にフォーカスしています。その時期にワーママが経験する悩みの中から特に発生頻度が高いもの、かつ、「無意識のバイアス」に囚われていることが悩みの原因になっているものをピックアップして、以下の構成で悩みの本質に切り込んでいます。

- その「お悩みのポイント」を細分化
- お悩みを「因数分解」して整理

❶ **脱バイアス**
実は無意識の思い込みであることを認識する

❷ **正しく知る**
専門家のお話やデータを見ながら正しい知識を持つ

❸ **対処する**
使えるTipsや先輩ワーママのお話、
パートナーの巻き込み方から自分にあった対処法を探る

この章でお伝えするトピックは筆者の私たちが本書を書き進める中で「あるある!」と深く共感し、かつその内容は「本当にその時この情報が知りたかった!」と思うものばかりを集めています。

産後や復職後になにが起きるのかのイメージを持つために、順番通りに読み進めるのもよし、今悩んでいる項目だけ選んで読むもよし。先輩ワーママの経験と知識を得て、みなさんがより自分らしく、いきいきとしたワーママライフを送るためのサポートとなればうれしいです。

ただ、この本は「こうしたらOK」という唯一の答えをお伝えするわけではありません。正しい知識といろいろな選択をした先輩ワーママの事例を読みながら、「この事例は参考になるかも」「私の意見と合う先輩はいなかったな」と、ぜひいろいろ考えつつ「ご自身の選択肢」を見つけていただきたいと思って作っています。世の中の固定観念や自分自身の思い込みがあなたに押し付けてくる「こうあるべき＝無意識バイアス」から抜け出し、あなたらしいワーママライフをデザインするきっかけにしてください。

そして、本書に挙げたお悩み以外にも、さまざまな問題に直面すると思います。その時に、その悩みに「バイアス」は潜んでいないかを落ち着いて考え、正しい知識を得てバイアスに囚われずに解決の糸口を探る方法を知り、今後のワーママライフの「心のお守り」にしてもらえるとうれしいです。

幸せな赤ちゃんとの生活スタート♡と思っていたのに！

1章 01 産後メンタル ジェットコースター問題

お悩みポイント

- ☑ ホルモンバランスが崩れて、とにかくメンタルの状態が不安定になる
- ☑ 赤ちゃんが泣きやまない、寝ないなどの理由で落ち込んだ気分になる
- ☑ なんの理由もなく涙が出たり、悲しくなったりする
- ☑ パートナー、両親・義両親・兄弟姉妹など周りの人に必要以上にイライラする

お悩みを

因数分解

脱 バイアス

赤ちゃんが生まれ、ホルモン分泌も
生活も一変するので、
基本イライラするのは当たり前！

正 しく知る

イライラや悲しみの原因が明確じゃ
なく、コントロール不可になったら、
ホルモンの影響を疑ってみて

対 処する

妊娠前に頼れる人やサービスを
調べておくのもアリ！

正しく知る

いま悩んでいるあなたが知っておきたい
専門家のお話

伊藤麻衣子さん

助産師。産後うつになりかけた経験から、「よりよい夫婦のパートナーシップづくり」を支えるサポーターとしても活動

会いたかった赤ちゃんにやっと会えたのに、なんでこんなに悲しい、つらい、イライラするんだろう？ もしかして私は母性が足りない？ と不安になってませんか。しかし、あなたはなにも悪くありません。諸悪の根源は〈ホルモン〉。理由や状況を正しく理解して、つらい時は「全部ホルモンのせいだ」と思いましょう！ マタニティブルーや産後うつにもなりやすいこの時期をどう過ごすべきか、現役のママでもある助産師に聞きました。

【通常時のホルモン変化と妊娠中のホルモン変化】

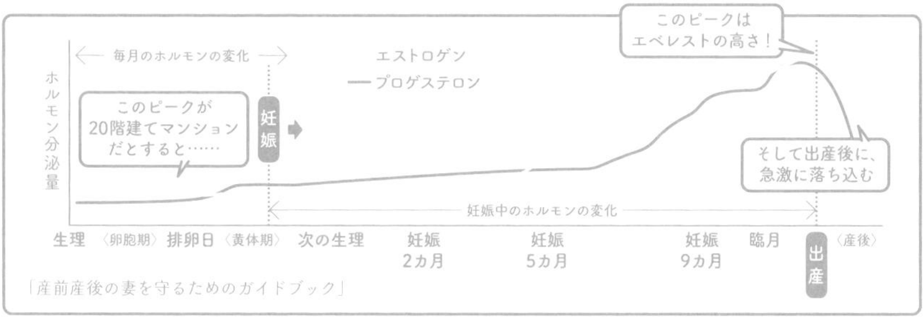

「産前産後の妻を守るためのガイドブック」

妊娠期間中は赤ちゃんを育てやすい体内環境を作るためにエストロゲンとプロゲステロンの分泌が一気に増えていきます。普段の月経周期でのホルモンの分泌量が20階建てのマンション程度とすると、妊娠時のピーク時は8,000mのエベレスト級の高さとなります。これが出産後、胎盤が体外に出ることによって一気に減少し、エベレストの頂上から急降下するんです。

普段の生理前後のメンタル不調（PMS）をイメージして比較すると、どれだけ異常な状態かがわかると思います。意味もなく悲しくなって涙が出たり、突然の怒りに襲われたり、イライラしたり……。まったくおかしなことじゃないし、あなたは悪くないということがわかってもらえると思います。

この事実を知らなければママ自身も不安になり、同時に周囲の人も突然のママの変化に驚いてしまいます。正しい情報を共有し、理解し合って産後の危機的状況を乗り越えるチームを作りましょう。

マタニティブルーと産後うつ

分娩直後～産褥10日以内で発生する一過性のマタニティブルーは、3割程度のママが発症するといわれています。前述のホルモンバランスの激変を受け、涙もろくなる、食欲がなくなる、眠れなくなるなどの症状が出ます。マタニティブルーが発症した段階で、人に話を聞いてもらうなどの対処により、落ち着いていくこともあります。

産後2週間～1年以内に発症する産後うつは、うつ病の症状とほぼ同じ。食欲や清潔意識がなくなる（顔を洗わないなど）、思考力・集中力の低下、睡眠障害、自殺企図などの症状が出るため、治療が必要になります。

「食事が取れない」「休息・睡眠が取れない」「笑えない」がよくある症状。自分では気づけなかったり、助けを求められなくなることも多いので、事前にパートナーや周りの人に産後うつについて知ってもらい、異常を感じたらすぐに地域の保健センターや相談窓口、病院に相談してもらいましょう。

「自分は知識があるし、メンタルが強いからきっと大丈夫！」と思っていても、誰でもなる可能性があるのが産後うつです。

産後に起こる

【マタニティブルー】

発症時期　分娩直後～産褥10日以内で一過性

症状　涙もろい、食欲不振、頭痛、不眠の傾向など

【産後うつ】

発症時期　産後1、2週から2週間以上続く

症状　通常のうつ病と同様の症状。興味や気力の減退、思考力・集中力の減退、食欲減退または増加、不眠または睡眠過多、自殺企図、清潔意識の減退、笑顔がなくなるなど

「産後うつ」を見分ける・
家族に気にしてもらいたい
4つのポイント

1 食事がちゃんととれているか？
2 休息がとれているか？
3 笑顔があるか？
4 清潔意識は保てているか？

産後うつにならないためにも！ケア・産後サービスについて事前に調べておこう

助産師さんが手取り足取りママに付き添ってくれた産院を卒業すると、突然赤ちゃんを連れて1人で「子育てをがんばって！」と投げ出されたような気分になります。まったなしに始まる赤ちゃんとの暮らし、身体はボロボロ、24時間続く赤ちゃんのお世話、話す相手もいない、でも誰かに頼ったりするのも甘えな気がする……。そんな気持ちになるかもしれません。

しかし、そんなことはありません！ 前述の通り、マタニティブルーを軽減したり、産後うつに移行しないためにも、ママが産褥期にしっかり休息をとることこそが大事。

産院卒業後は、ママの支援の手が産院から地域・自治体に移行します。退院後にパートナーやおじいちゃん・おばあちゃんのサポートがどれだけ受けられるのか事前によく話し合い、「子育てチーム」を立ち上げておきましょう。合わせて、自分の住む自治体がどのような産後ケアサービスを提供しているのか、活用できる民間サービス（助産院、産後ドゥーラ、家事代行、ベビーシッターなど）について、妊娠中に調べておくといいでしょう。

基本的な産後サービスは以下のようなものです。

①産前・産後支援 ヘルパー（育児・家事の負担を軽減する生活支援）

自治体や委託事業者が実施している、産前・産後の育児や家事の支援が必要な家庭に、ヘルパーが訪問し支援するサービスです。食事の支度や後片づけ、洗濯、清掃、整理整頓、買物、きょうだいの世話、沐浴や授乳、おむつ交換の介助、健診などの付き添い、育児に関する相談や助言などの産前・産後の生活を総合的にサポートしてくれます。

②産後ドゥーラ（出産・育児に寄り添いママとその家族を支える）

ドゥーラとは、産後間もないママの家事の手伝い、話し相手、赤ちゃんの世話についてのアドバイスなど、ママを継続的に支援し、情報を提供する人を指します。海外では産前から出産・産後までのサポートする「出産ドゥーラ」が主流ですが、日本では一般社団法人ドゥーラ協会が養成・紹介を行っている産後ドゥーラが産後のサポートを行っています。

③産後ケアセンター（出産直後のママと赤ちゃんが安心して過ごせる施設）

出産後の時期に必要なケアをしっかり受けながら、赤ちゃんと一緒に過ごすことができるケア施設です。病院や助産院に併設されていたり、ホテルのようなラグジュアリーな施設であったりと最近ではさまざまなタイプの産後ケアセンターが増えてきました。看護師、助産師、臨床心理士などの専門職が24時間体制でママと赤ちゃんのケアを行ってくれます。授乳や沐浴の指導といったベビーケアのほか、骨盤ケアやヨガで母体の回復を促すプログラムなども用意されています。

④新生児訪問

主に自治体が行っているサポートで、原則として生後4ヵ月までの乳児がいるすべての家庭を、助産師・保健師が訪問。赤ちゃんの体重測定のほか、ママの産後の体調や育児の相談なども受けてくれます。

対処する

こんなときはどうした？
先輩ワーママの体験談

CASE 1 イライラが止まらず、夫婦の危機に

実家が遠いことから産後はすぐに家に戻りました。授乳による寝不足や慣れない育児に「こっちは赤ちゃんに付きっきり、体力も回復していない中で睡眠不足なのに！」と、イライラし、その気持ちはすべてパートナーに向かいました。やっと寝たのに帰宅時にドアを音を立てて開け閉めする、深夜に赤ちゃんが泣いてもぐっすり寝ている、スマホばかり見ているといった些細なことに始まり、沐浴の仕方が危なっかしい、おむつの替え方が悪いなど、手伝いにすら怒りを覚えるように。いちいちキレる私に、パートナーの機嫌も悪くなり、一時期家庭内は険悪ムードに。離婚も頭をよぎるほどでした。しばらくして、少しずつ私のメンタルも落ち着き、家庭の空気もよくなりましたが、私もパートナーも産後のホルモンバランスについて知っておけば、お互いに対処できることがあったのではと思います。

CASE 2 とにかく毎日不安で悲しくて涙が止まらない……

出産直後から、赤ちゃんの顔を見ては涙、パートナーからのメールを見ては涙……。自分でも理由がわからないまま涙がでました。退院して家に戻ってからも、赤ちゃんが泣き止まないこと、寝ないこと、上手におっぱいがあげられないことに、「自分がダメなママだからうまくできないのでは」と不安になり、事あるごとに泣いていました。SNS には身ぎれいにして赤ちゃんと笑うママの写真がたくさんあるのに、自分はボロボロ、赤ちゃんは泣いてばかり。自分が情けなくなりました。そんな毎日から抜け出したのは保健師の訪問。「赤ちゃんが生まれたてなら、ママもなりたて。できないのが当たり前。がんばっているよ」といわれて気が楽に。今思えばなんであんなにも不安だったのか不思議ですが、あれもホルモンの影響だなと今なら理解できます。大人と話す機会が重要なんだ、と改めて感じた瞬間でした。

CASE 3 ガルガル期到来！ 義父母、実父母、パートナーでさえも「赤ちゃんに触らないで!!」

里帰り出産をしたのですが、実家に戻ってから実母が赤ちゃんを抱っこする姿に猛烈にイライラし、「赤ちゃんに触られたくない！」と強く思うようになりました。私が抱っこするよりも赤ちゃんが落ち着いているように感じられて、赤ちゃんを取られてしまうような気分になったり、赤ちゃんは実母のほうが好きなのではないかとイライラしてしまったり。その気持ちは実父、義父母だけでなくパートナーにまで感じ、いつもモヤモヤ・イライラしていました。育児に慣れてくる頃には自然にガルガルも消えていきましたし、協力してくれた実家、義実家、パートナーには感謝していますが、最初は自分でも不思議なくらい「赤ちゃんを取らないで！」という気持ちが強かったです。今思えば、あのモヤモヤ・イライラはホルモンバランスによるものだったんだなと納得。

対処する

パートナーの巻き込み方！

その1

産後のママは心身共に非常事態

出産後のママは〈全治2カ月重症の身体〉であると言われています。また、ホルモンバランスによって〈エベレストから急降下している異常な状態〉と理解してもらいましょう。パートナーが想像するよりも危険な心身の状態。

その2

コントロールの効かないメンタルであることを理解して

パートナーに対して理不尽に怒ったり、理由もわからず泣くことがあるけれど、自分でもコントロール不能であることを科学的な観点から説明することが大切。怒ったりキレ返したりせずに寄り添ってほしいと伝えよう。また、産後うつにならないためにはこの時期にしっかり心身を休め、「大人と話をする時間」が大事。夫婦の会話の時間を持つことを提案しよう。

その3

産後ケアについて「チーム」として話し合う

「チーム」として赤ちゃんを育てるために、パートナーの役割や外部にお願いした方がいいものなどを一緒に考えることが大事。この章を見て話し合ってみて。

その4

愛情曲線を知ってもらうのも効果的

これは、出産直後のパートナーのサポート、育児への参加がその後のパートナーへの愛情に影響するかを調査したもの。産前から見てもらい、産後のサポートにつなげたい！

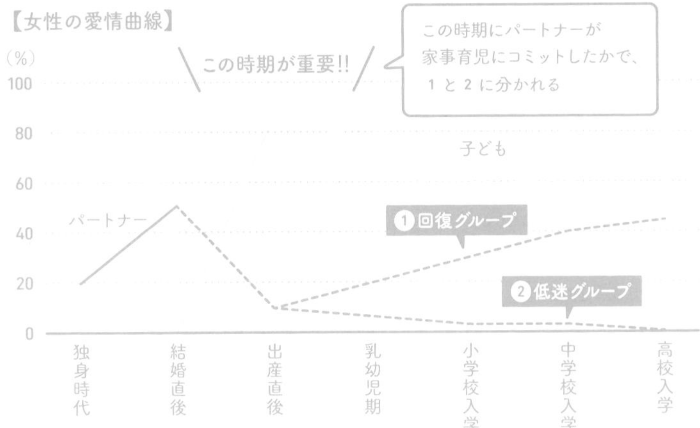

「夫婦の愛情曲線の変遷」

ま　と　め

イライラも悲しさもすべて
“ホルモンのせい”でOK!!

産後を幸せと思えないのもつらいのも
おかしいことじゃない！
自分を責めずに周りに理解と協力を求めて

1章

02 VS母乳神話

産まれたら出るんじゃないの!?

お悩みポイント

- ☑ 出産前は「産んだら勝手に母乳が出る」と思うなど、知識不足が前提に!
- ☑ “母乳vsミルクの根深い対立”があると思わされている!?
- ☑ 医療従事者や実親、近しい先輩にも母乳信者が多いかも?

お悩みを

因数分解

脱 バイアス

「母乳で育てたい」のはなんのため?「母乳で育てることがいいママの条件」という無意識のバイアスに囚われていない?

正 しく知る

母乳で育てるってなにがいいんだろう?どうしたらいいんだろう?

対 処する

完母・完ミ・混合ママのそれぞれの選択と経験

正しく知る

いま悩んでいるあなたが知っておきたい FACT

初めての育児。生まれたその日からぶつかる大きな壁「母乳」。そもそも「母乳がいい」というけど、なにがいいのか、そして本当に母乳じゃなければいけないのか？ その気持ちはどこから来るのか？ 母乳育児のメリット・デメリットに関する正しい知識を得て、考えてみましょう。

実は簡単じゃない母乳育児

- 出産したらすぐ母乳が出ると思いきや、最初は出ないし、赤ちゃんも飲むのが下手
- 乳首が切れて痛いし、最初はかなりの苦痛を伴う
- なにもしなくても出る人もいれば、どんなにがんばっても出ない人もいる！
- 母乳育児推進、ミルク推進など分娩病院によっても違いあり
- ママのおっぱいの形（乳頭の大きさや長さ）と、赤ちゃんの相性という問題もある

母乳のメリットを正しく知ろう

まずは実際に母乳にはどんなメリットがあるのか、正しく理解してみましょう。

赤ちゃんのメリット

1. お母さんと肌と肌が密着できることで安心感を得られる
2. 母乳から免疫細胞がもらえる
3. 母乳自体へのアレルギーを起こしにくい
4. 乳幼児突然死症候群を予防できる、といわれている

ママのメリット

1. 子宮収縮を促し、産後の回復が早くなる
2. 赤ちゃんとの愛着形成に役立つ
3. ミルク代が要らない・手間がかからない
4. 産後の体重回復のしやすさ、乳がん・子宮体がん予防など

一方で、こんなデメリットも……

赤ちゃんとママのデメリット

1. 飲んでいる量がわからず不安になる
2. 授乳間隔が短く大変
3. 長時間は預けられない
4. 乳房、乳頭トラブルが起きることがある
5. ママは自分の食べ物・薬に気を使わないといけないというプレッシャーに襲われやすい
6. 赤ちゃんのビタミンDが不足しがち
7. 最後は卒乳＆断乳問題も
8. 母乳が軌道に乗らないこと自体にプレッシャーや罪悪感を抱えがち

母乳育児でなければ本当にダメ？

▼母乳育児をしたい？ しなければいけない？

母乳で育てたいという気持ちはとても自然だし素敵なこと。でも、母乳で育てないと「いけない」という思い込みが強くなると、母乳育児が軌道に乗らないことがつらくなるかも。「母乳で育てなければいけない」というのは誰の気持ち？ いつの間にかそう思うようになっていた？ 誰かから「母乳がいいよ」と言われた？

こういった観点から、自分の性格や環境、生育状況にあった方法を見つめ直してみると「母乳で育てたい」のは自分の本心なのか、「母乳じゃなくちゃ」というバイアスなのかに気づけるかも！

▼助産師さんからのメッセージ

伊藤麻衣子さん

助産師。産後うつになりかけた経験から、「よりよい夫婦のパートナーシップづくり」を支えるサポーターとしても活動

母乳育児を軌道に乗せるには「とにかく吸わせ続ける」が基本。しかし、ママの状況は人それぞれ。母乳は血液成分でできているので、妊娠中から貧血があったママや出血の多い帝王切開のママは、おっぱいが出にくく、産後１カ月すぎくらいから母乳育児の軌道に乗ったケースもあります。

また、「産後メンタル問題」(P18) でも触れたように、ホルモンの急変によるメンタルの落ち込み、食欲不振・水分不足など、母乳育児のベストな環境が整っていないママも多いです。そのような心身共に危機的状況の中、「母乳は努力すれば出るかもしれない。でも、この状況でそこまでがんばる必要がそもそもあるのか」は、前述のメリット・デメリットを比較したり、産後のライフスタイルをイメージしながら、妊娠中にパートナーと一緒に検討してみて。里帰り出産などご両親のサポートをお願いする場合は、自分たちがどのように育てたいかを伝えたうえで、ご両親の希望とすり合わせるのもオススメ。

ミルクでもOKだし、罪悪感も不要です。周りのバイアスに振り回されずに、自分の希望・状況・ライフスタイルにあった選択をしてくださいね。

実際、みんな母乳育児で育ててる？

実際、ママたちが母乳・混合・ミルクのどの方法で授乳期を過ごしていたのかを調査したデータを見ると、「混合」と「ミルクのみ」のケースを合わせて約半分のママがミルクを活用して育児をしているのがわかります。

【授乳期の栄養方法】（単位：%）

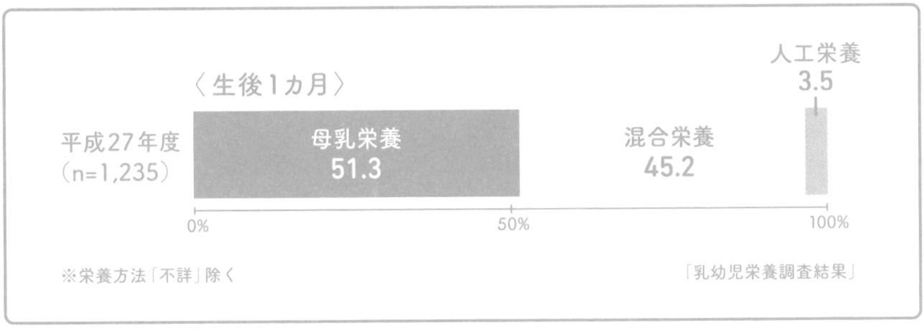

母乳育児を軌道に乗せるには？

出産前は「母乳は赤ちゃんが生まれたら勝手に出る」と思っているママがほとんど！でも実際は、母乳育児を軌道に乗せるまでにはいろいろな苦労があります。母乳育児を望む場合は産後直後の対応が重要。産院に相談しておくと◎。

母乳育児を考えている人や悩んでいる人には、母乳育児の準備や、先輩ママのさまざまなパターンなどを丁寧にまとめた「妊娠中のママとパパに読んでほしい しあわせ授乳サポートブック」（ピジョン株式会社／URLは参考文献ページに掲載）がオススメ。母乳育児を頑張りたいママはぜひ読んでみて。

母乳で困ったときの相談先

「母乳育児が思うように進まない」「おっぱいが張って痛い」「スムーズに卒乳したい」など、母乳関連で困ったときの相談先には、以下のようなところがあります。

- 病院の母乳外来
- 病院の乳腺外来
- 近くの助産院（桶谷式など）

自宅近くで気軽に相談できる、助産院や母乳育児相談室などはホームページがないなど見つけづらいことが多く、ママ友ネットワークから教えてもらえることも。保健所や児童館のスタッフに相談してみるのもおすすめです。

対処する

こんなときはどうした？
先輩ワーママの体験談

CASE 1 完全ミルク育児になったけど結果的に満足です

なぜか母乳じゃないとダメだと思い込んでいた私。産院でも「絶対に出る」と言われてかなりがんばったけど、ほとんど出ず。退院後も母乳外来に何度も通いましたが、あまり出るようにはなりませんでした。出ないおっぱいに吸い付いて泣いている子どもを見ては、泣いていました。結局完全ミルクになったけど、ミルクはパートナー、実母、義母、みんながあげることができて私も楽だったし、みんなもミルクを飲む赤ちゃんの顔を幸せそうに見て喜んでいたので、ミルクでよかったです！

CASE 2 なんとなく混合育児になりました

母乳で育てるものだと思っていたけど、産院で体重を量ると母乳の量も足りないようだったし、なんとなく流れでミルクを足していて、卒乳までそんな感じでした。哺乳瓶を洗うのが大変な夜中は母乳で、たくさん寝てほしいときの寝る前や、預けて出かけたいときや休みたいときはパートナーや一時預けに預けてミルクをあげてもらう、といいとこ取りができたと思っています。

CASE 3 最初からミルクを活用しようと決めていた！

出産前からできるだけ早く復職しようと考えていたので、保育園に預けることも考えて、ミルク中心にいこうと決めていました。産院もミルクに肯定的で、院長先生も「僕はミルクで育ったけど、こんなに元気」というおじいちゃんだったので、安心してミルク生活を始められました。子どもと一緒にいるときに、「おっぱい～」と言われたらくわえさせてみましたが、出ていたかはわからない……。

CASE 4 がんばって完全母乳育児にしたけど……

産院が母乳育児推進だったのでそのまま完母へ。子どもが母乳を飲んでいる顔が大好きでがんばりました。ただ、大変なことがすごく多かったです。助産師さんには「最初が肝心」といわれ、完全母子同室で入院中からすでにげっそり。軌道に乗るまでは胸が張り、乳腺炎になりかけて助産院に駆け込んだり。月齢が進んでも、胸が張るので長く預けることもできず、夜もパートナーに授乳を任せられない……。寝る時間の確保が大変でした。軌道に乗って授乳間隔が空いてからは子どもが哺乳瓶拒否になってしまい、離乳食が始まるまではやはり長くは預けられませんでした。保育園に入るための断乳も大変で、助産師さんに断乳スケジュールを組んでもらい、2カ月かけて徐々に断乳しました。哺乳瓶を消毒する必要もなく、夜中も寝ぼけながら添い乳ができるし、お出かけの時も荷物が少なくて済むのはとても便利でした！私は母乳ライフに満足していますが、あそこまでつらい思いをしてがんばらなければいけなかったかと思うと、次の子はどうしようか悩みます。

ワーク TIME!

正しく知り、先輩ワーママのお話を読んで、
自分に合う考えだと思った部分やイメージが変わったことなど、
自由に書き残してください。

対処する

＼パートナーの巻き込み方！／

その1

幸せなミルクタイムを分け合おう

搾乳をして夜間の授乳を代わってもらうことや、ミルクをあげてもらうことはパートナーにもできること。多くのパートナーが「自分にもおっぱいがあれば寝かせてあげられるのに、子どもをあやせるのに」と無力感を覚えています。授乳の時間はママと赤ちゃんのふれあいの時間、つながりを感じるかけがえのない時間です。それはパートナーにとっても同じ。愛しい時間をおすそ分けしてもいいかも。

その2

母乳じゃなくてもいいんだよ、と伝えて

パートナーに情報や意見がなく、世の中にあふれたバイアスを頼りに発言している可能性が高いです。自分の思う授乳スタイルをパートナーと共有し、望むサポートや言ってほしくない言葉を伝えておきましょう。

ま　と　め

母乳でもミルクでも大丈夫

大事なのはママと赤ちゃんの心と体の健康

周りの声や母乳神話に惑わされず
母乳とミルクのメリット・デメリットを知って、
自分と赤ちゃんのスタイルにあった
「ちょうどいい」を探していこう

眠いんだったら泣かずに寝ておくれ……

1章 03 赤ちゃんがとにかく寝ない！問題

お悩みポイント

- 寝ない子はとにかく寝ない。驚くほど寝ない
- 最初は眠れていた子も途中から夜泣きが始まり、寝ない子になることもある
- 育児記事の睡眠時間の目安と比較しても、足りないことはザラ
- 寝ない子は各種ねんねトレーニングとかやってみても効果なし
- よく寝る子をもつ親の話を聞くと、自分が悪いような気分になることも……

お悩みを

因数分解

脱バイアス

「赤ちゃんはたくさん寝るもの」というバイアスを持っているかも!?

「赤ちゃんが寝てないのに自分は寝る＝悪！」との思い込みも

正しく知る

育児雑誌やサイトにある「平均睡眠時間」に囚われすぎていない？

対処する

寝かしつけグッズ一気だし！
それがダメでも大丈夫！な
先輩ママエピソード

正しく知る

いま悩んでいるあなたが知っておきたい

FACT

悩まない人の方が少ない！

ママたちへの調査結果を見ても、子どもの寝かしつけに悩む人は非常に多く、育児の中でもストレスを感じやすいことだというのがよくわかります。

【寝かしつけについて、あなたの気持ちに近いものを１つ選んでください】（n=550）

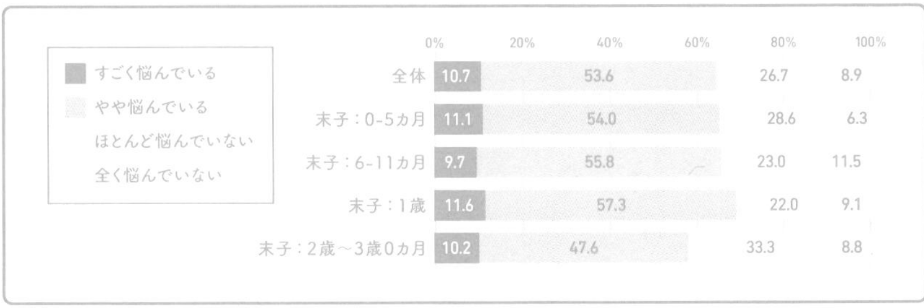

「子どもの睡眠・寝かしつけ」

参考程度にしよう！ 睡眠時間と成長曲線

育児書やインターネットを見ると子どもの平均睡眠時間の目安がたくさん出てきます。でも、大人でも同じですが、睡眠時間だけではなくて睡眠の質も重要なはず。睡眠時間だけで判断せずに、成長曲線から大きく外れていないか、睡眠時間が短くてイライラしていないか、総合的に判断するようにしよう。気になることがあればかかりつけ医に相談！

【年齢毎の睡眠の特徴】

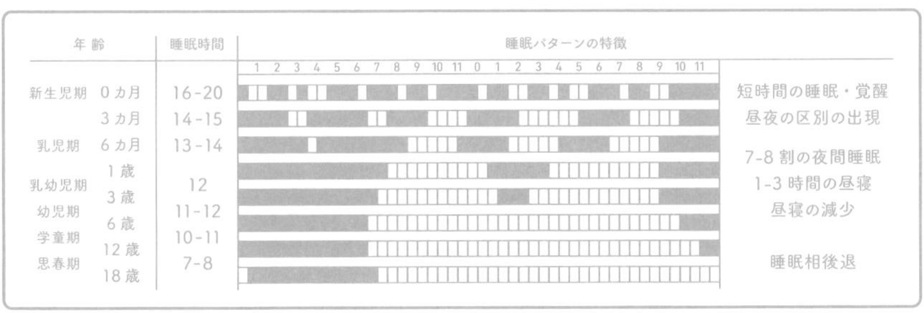

「未就学児の睡眠指針」

親は寝てはいけない？

「赤ちゃんが寝てないのに、自分だけ寝るなんて」「寝かしつけを他の人には任せられない……」と思っていませんか？　子どもだけではなく、大人にとっても睡眠は必要不可欠なもの。ママの睡眠時間が短くなってプラスになることなんてなにもないはず。使えるものは使って、充実した子育てライフを送るためにも、しっかりと休養を取れる体制を整えよう！

寝かしつけグッズご紹介

ねんねトレーニングに寝かしつけグッズ、眠る音楽に動画。気になるけれど、試す気力も残っていない……そんなあなたに、先輩ワーママの経験値を惜しみなく一気だし！

【実はいろいろ特色のある「ネントレメソッド」本紹介】

いろいろあるネントレ本も子どもとの相性があります。唯一の正解はないので、子どもにあった本を探してみて！

書籍名	著者／出版社	特徴
カリスマ・ナニーが教える赤ちゃんとおかあさんの快眠講座	ジーナ・フォード、朝日新聞出版	「ジーナ式」として有名。生活のすべてを規則正しいスケジュールにすることで、良質な睡眠につなげるメソッド。育児に余裕のある方、第2子以降の方におススメ。
赤ちゃんとママが安眠できる魔法の育児書	トレイシー・ホッグ、イースト・プレス	「トレイシー式」として有名。EASY（Eat: 授乳・Activity: 活動・Sleep: 睡眠・Your time: ママの自由時間）を意識した生活リズムを整えるメソッド。スケジュールいらずでお手軽さが特徴。
赤ちゃんにもママにも優しい安眠ガイド	清水悦子、かんき出版	「夜泣き専門保育士」による、医学論文による知識と実体験を元に、日本の生活スタイルに合わせた夜泣き改善メソッド。
赤ちゃんがすぐに泣きやみグッスリ寝てくれる本	渡部信子、すばる舎	トコちゃんベルトを作った助産師が著者。赤ちゃんの体勢にフォーカスし、自然と眠りやすい状態を作るメソッド。
ママと赤ちゃんのぐっすり本「夜泣き・寝かしつけ・早朝起き」解決ガイド	愛波文、講談社	睡眠コンサルタントによる、睡眠時間と活動限界時間を管理するメソッド。ジーナ式とトレイシー式の中間的な立ち位置で、生活にとりいれやすいTipsが豊富。

【こっちが寝ちゃいそう「音楽」】

オルゴール音楽
クラシック音楽
胎内音
小川のせせらぎ
雨音
ホワイトノイズ（砂嵐音、換気扇など）

【抱っこ感を演出「ゆらゆら道具」】

手動バウンサー
電動バウンサー
バランスボール（親子で）
ブランコ（親子で）

【中身とリズムで「おやすみ絵本」】

『おやすみ、ロジャー』『おやすみ、エレン』（いずれも、カール＝ヨハン・エリーン、飛鳥新社）
『もうねんね』（松谷みよ子・文、瀬川康男・絵、童心社）
『ねむねむごろん』（たなかしん、KADOKAWA）
『よるくまシュッカ』（エミリー・メルゴー・ヤコブセン、百万年書房）

【持って安心おやすみグッズ】

おしゃぶり
おくるみ
ぬいぐるみ
タオル
メリー、モービル

対 処する

こんなときはどうした？
先輩ワーママの体験談

CASE 1 全く寝なかったけどちゃんと成長、発達したよ

今では小学生に成長したうちの子も小さい頃は寝つきが悪く、育児書に書いてある睡眠時間の目安よりも長く寝たことなどなく、しっかり成長できるのか心配ばかりしていました。今ではその心配も必要ないくらい、元気にすくすく育ってくれました！ あの時の自分に、心配しすぎないで！ と声を掛けてあげたいです！

CASE 2 寝なくて悩んだ時期もあるけど いつしか寝るようになった

なにをしても泣き続け、全く泣き止まない。抱っこしてやっと寝ても、「布団におろすと起きる」の繰り返し。背中スイッチの威力に絶望、朝まで抱っこし続ける日々が2カ月続いたこともありました。しかし、その直後からはようやく落ち着き、まとまって寝てくれるようになりました！

CASE 3 なにやっても寝ない子は寝ない！ 悟りの境地！

揺らさないと寝なかったので、ひたすら抱っこしたり、家の中でも外でもベビーカーを使って歩き回ったり、毎日真夜中にドライブしたり、ありとあらゆる手段を使いました（泣）。それでも寝ないこともしばしば。そんな時はあきらめてベビーベッドの中で好きなだけ遊ばせて朝を迎えたことも……。昼間にシッターさんに見てもらったり、土日にパートナーに見てもらったりしながら、なんとか自分が寝る時間を確保しました。

CASE 4 子どもによっても全然違う！ 寝つきは個性

長男は産まれてからすぐでも、3時間おきのミルクの時間でも起きないくらいとにかくよく眠る子で手がかかりませんでした。「育児なんて楽勝、楽勝♪」なんて思っていましたが……数年後に産まれた長女は長男とは大違い！ なにをやっても寝ない、夜泣きも多い、とにかく寝かしつけに苦労しました。血がつながったきょうだいでもこんなに違うのかと驚かされました。

ワーク TIME!

正しく知り、先輩ワーママのお話を読んで、
自分に合う考えだと思った部分やイメージが変わったことなど、
自由に書き残してください。

対 処する

\ パートナーの巻き込み方！ /

その1

なにをやっても寝ない子は寝ない、を理解してもらおう

寝る・寝ないはその子の特性によるところも大きいです。「昼間に散歩させた？」といった努力不足を問う発言は避けてもらい、協力してもらおう！

その2

家族全員の睡眠時間をしっかり確保しよう

赤ちゃんが寝ないと、ママの休息や睡眠の時間が十分に取れず、さまざまな支障をきたします！ パートナーに子どもの相手を代わってもらったり、散歩やドライブに連れ出してもらったりするだけでも、ママの負担減に。家族全員の休息時間確保のため、サポートし合おう。

ま と め

なにをしても寝ない赤ちゃんは寝ない

寝なくても元気なら大丈夫。
成長で気になることが出てくれば受診を！

寝かせなければいけないと思い過ぎず、
試してもダメな時は各種サポートを使って
保護者の睡眠時間確保も大事に！

え、もうこんな時間？ 今日1日なにもやってないんだけど…

1章 04 赤ちゃんのお世話以外なにもしてない問題

お悩みポイント

- ☑ 赤ちゃんのお世話は想像以上に分刻み。気がついたら夜なんてことはザラ！
- ☑ 1日家にいるはずなのに、洗濯物は溜まるし、部屋はぐちゃぐちゃ
- ☑ まともにごはんを食べる時間もなければ、トイレに行く時間だってない時も
- ☑「1日家にいたのになにやってたの？ ごはんもないの？」なんてパートナーに言われてしまってより落ち込むことも……

お悩みを

因　数　分　解

脱 バイアス

赤ちゃんもママも慣れていない
生後3カ月くらいまでは、授乳や
寝かしつけにとにかく時間がかかる

正 しく知る

赤ちゃんもいるから、
“ちゃんと”食事を摂りたいし、
“ちゃんと”掃除をしてキレイにしたい。
1日中家にいるんだし！……と
自分にプレッシャーを掛けすぎてない？

対 処する

ストレスになっているものは手放す！
特に食事まわりは選択肢が豊富

マルチタスクをこなす、バリキャリなあの人も…
2足3足のワラジをはく、器用なあの人も…
働きながら大学に通う、タフなあの人も…
産んだら皆、赤子のことで精一杯…!!
ハハ〜ッ
おそるべし、赤子!!

正しく知る

いま悩んでいるあなたが知っておきたい FACT

育児書によくある赤ちゃんの１日のスケジュールを見ると、穏やかな赤ちゃんとの生活が書かれています。しかし、そうもいかない現実を公開します！

赤ちゃんのスケジュールだけ見れば余裕のようで、自分の食事・身支度、細かな家事も予定に入れると全然時間がない！「こりゃ、あっという間に１日が過ぎてしまうわけだ」と納得できるはず。

しかも慣れない育児と細切れな睡眠、ホルモンバランス（P18参照）で心身共に崩壊寸前になることも……。「できなくて当たり前」「そんな日もあるよね」と大らかな気持ちを持って少しずつ慣れていきましょう。

授乳リズムが整うまでは、1日中授乳と寝かしつけをしている気分かも

生まれてすぐの赤ちゃんでも本能的におっぱいを飲もうと懸命に吸ってくれますが、最初から上手に飲める子はいません。疲れて寝てしまう子、うまく吸えずに激しく泣く子もいます。

うまく飲めない赤ちゃんを抱っこしながら、ママもやり方や量に不安を覚えながらのスタートになりますが、ママも赤ちゃんもだんだんと上手にできるようになるので安心してください。

【授乳間隔と授乳時間】

生後1カ月

［授乳間隔］約2時間おき

［授乳時間］

左右それぞれのおっぱいで

10分ずつ飲ませる（計20分）

生後2〜3カ月

［授乳間隔］3時間おき

［授乳時間］

左右それぞれのおっぱいで

15分ずつくらい（計30分）

※ミルクの場合は指定された分量を、目安の間隔をおいて授乳する

【授乳の後は「げっぷ」】

授乳中に赤ちゃんが一緒に飲み込んでしまった空気を出すために、げっぷを促します。スムーズにげっぷが出る時はすぐに出るのですが、なかなかげっぷが出ない時は背中をトントンしたり抱き方を変えてみたりと10分くらいかかることもあります。

【授乳後の吐き戻し】

げっぷを出したタイミングで母乳やミルクを吐いてしまうことや、げっぷを出したはずでも授乳後に吐いてしまうことがあります。吐き戻しによって赤ちゃんの洋服が汚れてしまうと着替えが必要です。せっかく授乳しながら赤ちゃんがウトウトしていても、吐き戻しで汚れた洋服を着替えさせているうちに目が覚めてしまった……なんてことも。

育児書に「おっぱい」と記載されている項目には、実は左記のような作業が含まれており、気がつけば１時間経っていたなんてことはザラにあります。

赤ちゃんとの「リアルな」１日のスケジュール

例として生後１～２カ月の赤ちゃんのタイムスケジュールを記載しました。自分の食事・身支度、細かな家事も予定に入れるとかなり忙しいことがわかります。

	赤ちゃん	ママ・パートナーの行動
5:00	おっぱい	おむつ替え→おっぱい→寝かしつけ
6:00	ねんね	ようやくママも寝る
7:00	おっぱい　うんち	おむつ替え→おっぱい→うんちおむつ替え→赤ちゃん着替え→寝かしつけ
8:00	ねんね	朝食
9:00		皿洗い・簡単な掃除・自分の身支度
10:00	おっぱい	おむつ替え→おっぱい
11:00	ぐずぐず	ずっと抱っこ
12:00	おっぱい	おむつ替え→おっぱい→寝かしつけ
13:00	ねんね	昼食
14:00		洗濯
15:00		やっと一息つく
16:00	おっぱい　吐き戻し	おむつ替え→おっぱい→赤ちゃん着替え→寝かしつけ
17:00	ぐずぐず	ずっと抱っこ
18:00	沐浴	夕飯
19:00	おっぱい	おむつ替え→おっぱい→寝かしつけ
20:00	ねんね	お風呂に入る
21:00		疲れて自分もちょっと寝る
22:00	おっぱい　うんち	おむつ替え→おっぱい→寝かしつけ
23:00	ねんね	就寝
0:00		
1:00	おっぱい　うんち	おむつ替え→おっぱい→寝かしつけ
2:00	ぐずぐず	ずっと抱っこ
3:00	ねんね	就寝
4:00		

赤ちゃんのお世話で
1日が終わることをOKにする!

赤ちゃんとの生活は、毎日が同じではありません。たくさん寝てくれる日もあればそうじゃない日もある。やたら吐き戻して洗濯する日もある。1つ言えることは、こちらの計画通りに進むことはほとんどない、ということです。

ママの体は睡眠不足とホルモン急降下中で悲鳴を上げている時期。「赤ちゃんのお世話以外なにもできなかったな」と自分を責める必要はなく、今日もがんばったねと自分を褒めてください。

対応策をどうするか

ストレスになっている原因を見つけ、誰かに頼って解決しましょう。
ここではパートナーやご両親以外の手段やサービスをご紹介します。

【ストレスの原因】

赤ちゃんのお世話に自信がない、寝かしつけがしんどい
家事をする時間がない

→自治体の産前産後ヘルパーや産後ドゥーラ(P21)らは、赤ちゃんのお世話をしてくれるだけでなく、相談に乗ってくれたり、家事(調理・掃除)まで包括的なお手伝いが可能。

食事の支度の時間がない

→デリバリーなどを活用。Uber Eats で楽しみながら注文するのもアリですが、健康に気をつかいたいという方は、管理栄養士が考えた献立、糖質・塩分にも配慮された配達弁当業者もあります。

ヨシケイ　https://yoshikei-dvlp.co.jp/
nosh　https://nosh.jp

対処する

こんなときはどうした？
先輩ワーママの体験談

CASE 1 赤ちゃんが寝た隙に自分も寝る！

眠いのになかなか眠れず、長くぐずってしまう子だったので、自分の疲れもどんどん溜まり日中も常に眠気がありました。気持ちも沈みがちになり、助産師さんに相談したところ、赤ちゃんと一緒に昼寝することを勧められ、寝かしつけたら細切れでも自分も仮眠を取るようにして、精神状態も良くなりました。

CASE 2 夕飯は作れない前提で

夕方にたそがれ泣きをする子だったので、手が離せずに夕飯の準備ができないことにストレスを感じていました。パートナーと相談して、夕飯はすべて買って帰ってきてもらうことに。気持ちが一気に楽になりました。

CASE 3 ここぞとばかりにデリバリー・お取り寄せを活用！

1日家にいるのに、夕飯の準備ができなかったり、散らかった家を見て、自分を責めてしまうこともありました。その時に先輩ママに「あと1カ月もしないうちに、赤ちゃんも生活リズムに慣れて落ち着くよ！」と言われて救われました。
夕飯を作れなかった時のために、興味があるお取り寄せを手が空いた時にネットでポチっていました。なにかしら食べるものがある安心感と、特別なものを食べている気分がとてもいいリフレッシュになりました。

対 処する

パートナーの巻き込み方！

その1

1日のスケジュールを見せて正しく理解してもらう

「1日家にいるのに、なんで家のことができてないの？」と本気で思っている可能性あり。P43のスケジュールを見せて、赤ちゃんとの生活のリアルなスケジュールを知ってもらおう。会社にいるよりもタイトなスケジュールで、休みなく赤ちゃんのお世話をしていることを理解してもらって。

その2

やってほしいことを明確に伝える

ママも慣れない育児に戸惑っている中、パートナーもどう手伝っていいかを戸惑っているかもしれません。協力してほしいことを具体的に伝えてみましょう。夕飯を買って来てほしい、夜帰宅時に赤ちゃんを起こさないように気をつけてほしい、夜の寝かしつけを手伝ってほしいなど、現実的にできるサポートをお願いしよう。

まとめ

赤ちゃんのお世話は「名もなきタスク」だらけで、
他の家事ができないのは当たり前！

部屋がぐちゃぐちゃなのは
赤ちゃんのお世話をがんばった証拠

赤ちゃんも少しずつ1人遊びをするなど、
のちのち時間ができてくるので、
今は家事は後回しでOK！

COLUMN

自分のケア
後回しにしている問題

産後のママは心身ともにボロボロ。「体は重いけどがんばらなきゃ」と
無理をしがちなママこそ、専門家の話を聞いて、体の状況を知りましょう!

平元奈津子さん

広島国際大学/理学療法士、博士(医療工学)

産後の体は筋力の低下など身体機能が低下しており、それによる諸症状も出やすい時期。そこに加えて、新たな仕事である育児に対応し、さらに家事も今まで通りにこなす……それによって大きな疲労を感じる方は多いと思います。

産後1〜2カ月は元気な気がしていても、体はまだ回復途中。赤ちゃんのお世話で睡眠不足でもあるため、意識的にゆっくりすること。疲れを感じた時は赤ちゃんと一緒にお昼寝をするなど、自分を労わってあげてくださいね。

出産後の体はどうなっている?

出産時に骨盤の関節が拡がり、
支える機能が
弱くなっています

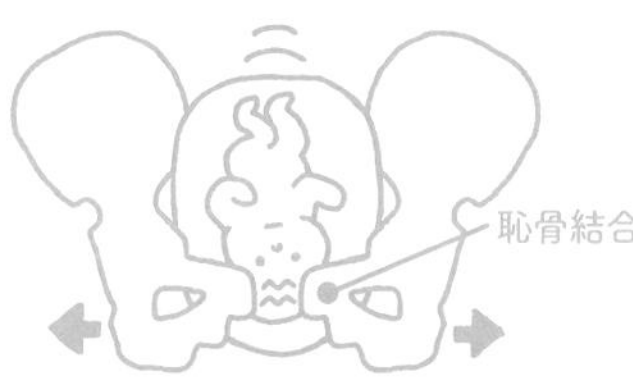

骨盤底筋も引き伸ばされ、
尿もれや空気もれなどの
原因になります

出産方法にかかわらず、産後は骨盤を支えているインナーユニットの機能回復を促すことが重要です

出産に向けて10カ月かけて大きくなった子宮は、6〜8週間かけて元の大きさまで収縮します。一方で、そのまわりの腹筋群やインナーユニットは妊娠中に引き伸ばされたまま、働きが悪く、妊娠前の状態に戻りにくいことも。

また、膀胱や子宮、直腸などの臓器を正しい位置に保ったり、尿道を締めて尿もれを防ぐなど重要な役割を担っている骨盤底筋群も引き伸ばされている状態で、戻るまで3～6カ月かかるといわれています。

腹筋群や骨盤底筋群が緩く伸びたままだと体のゆがみや腰痛、尿もれにつながり、産後だけでなくそれ以降も続くため、産後の母体ケアはすごく大事。ところが周知されていないため、産後すぐに赤ちゃんのお世話に懸命になってしまい、自分のケアができていないお母さんがとても多いのです。

産後に多いトラブルを防ぐ

［産後に多いトラブル］

腰痛　　尿失禁　　手首、膝などの関節痛

出産時に拡がった骨盤の関節は6～8週間かけて戻りますが、この時期に横座りや猫背など悪い姿勢が続くとゆがみや腰痛の原因になります。

「ゆがまない」ために、出産後に気をつけたい姿勢

慣れない赤ちゃんのお世話ですが、授乳・抱っこ・おむつ替えなど自分が1日に何度もする姿勢に注意しましょう。

❶ 授乳姿勢

まっすぐに座る。ママはかがまずにおっぱいの高さに赤ちゃんを合わせる

横座りなど、曲がった姿勢。赤ちゃんに合わせてママが前かがみ（猫背）に

❷ 抱っこの姿勢

抱っこひもが長いため、
前かがみの姿勢に

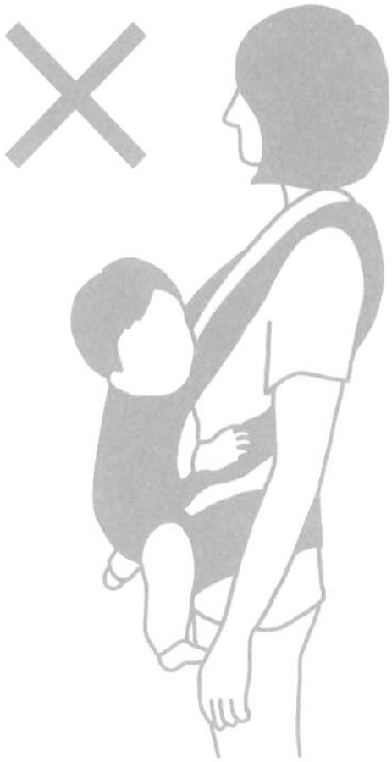

ひもを適切な長さにすると、
まっすぐな姿勢で疲れにくい

抱っこひもの長さを調整しないと、ひもが長すぎて赤ちゃんが低い位置に置かれ、お母さんが前かがみになる。すると、転落の事故が起こりやすくなります。また、お母さんの背中や腰を反らせて、前に倒れないようバランスを取っているので、抱っこひもを使っていてもしんどい。

適切な長さ（お母さんのあごに赤ちゃんの頭がふれる程度）に修正すると、お母さんの体もまっすぐになり、抱っこひもを使っていてもつらくなりにくい。

自分のケアを始めましょう

「自分をケアする時間がない」とあきらめないで。おむつを替えた後、授乳後などの行動とセットにすれば習慣となるはず！

〔動かしたい部位と期待できる効果〕

- 肩甲骨周辺筋肉のストレッチ
  →母乳分泌量アップ、肩こり・首の痛みの改善
- 腹式呼吸：インナーユニットを使う、リラクゼーション
  →体幹の働き、尿もれ、ぽっこりおなかの改善

① 手のひらと両肘を合わせる

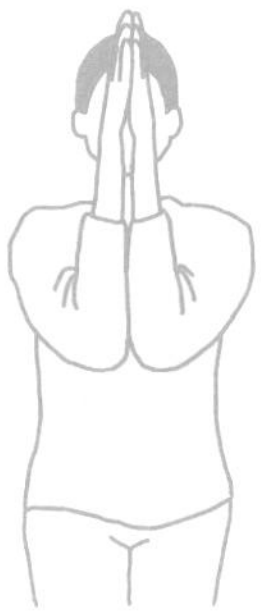

② そのまま無理のないところまで上げる

③ 上げきったら、手と肘を大きく開いて力を抜きながら手を下ろす。無理のない範囲で。（痛いのを動かすことは、ストレッチしたい筋肉が縮んでしまい、逆効果）

① 仰向けに寝転び、膝を立てる。鼻から息を吸い、おなかを膨らませる

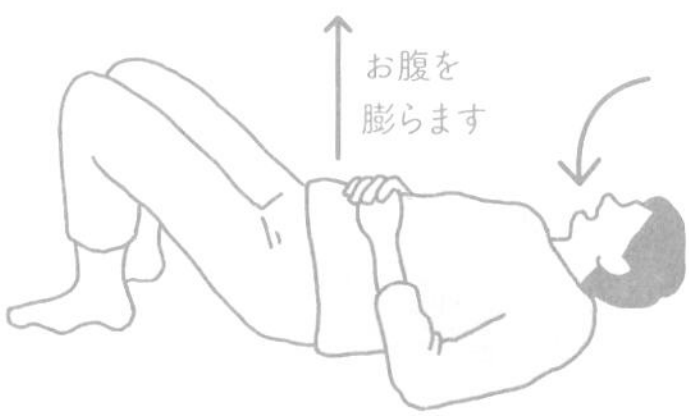

② 口から息を吐き、同時に膣を締める。吐く時におなかが膨らまないように注意！

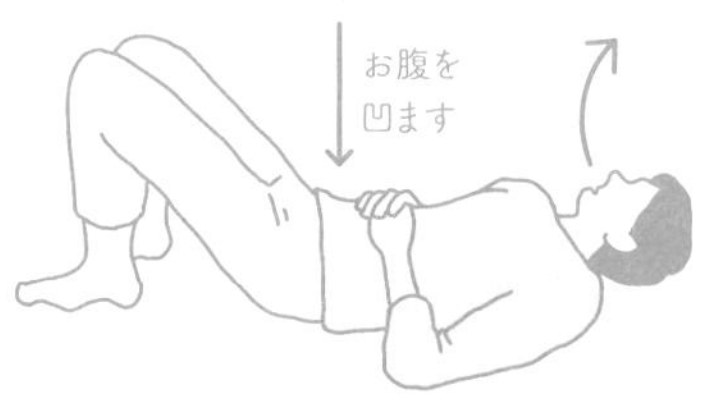

痛みが強い場合は病院に

赤ちゃんになにかあればすぐに病院に行くのに、自分のことは後回し……というお母さんが多いと思います。でも、痛みが強い場合などは無理をせず病院に行くほうが結果的には早く治ります。理学療法士が治療を通して体の動かし方のコツを教えます。赤ちゃん連れでもかまいませんので、行ってみてください。

1章 05 発達マウント

寝返り、はいはい、つかまり立ち……いつが正解!?

お悩みポイント

- ☑ 公園や児童館で同じような月齢の子を見ると、わが子より発達が早いような!?
- ☑ スマホで「〇カ月　成長」を調べて、一喜一憂したり母子手帳の成長過程も毎月チェックしたり
- ☑ 調べるほどに不安にしかならず、できないことに目が向きがち!

お悩みを

因数分解

脱 バイアス

初対面など関係の浅いママとの会話は発育＆発達関連になりやすいので、「できた／できない」の比較になりがちだけど発達スピードは人それぞれ

正 しく知る

この時期のできる・できないは成長に大きな影響がないことがほとんど

対 処する

「正解」はないので、定期健診をしっかり受け、問題を指摘されないようであれば一喜一憂しないのが〇

正 しく知る

いま悩んでいるあなたが知っておきたい
専門家のお話

三宅 芙由さん
小児科専門医・産業衛生専門医

子どもの健やかな成長に直接影響する、発達・発育はママにとって大きな悩み事の1つ。寝返りやハイハイなど、できることが増えていく過程を見るのはとてもうれしい反面、なかなかできるようにならない、平均より遅いと不安になるものです。赤ちゃんの発達や発育についての向き合い方を専門家に聞いてみました。

Q 「寝返り」「ハイハイ」……みんなより遅くても大丈夫?

人間の脳が発達するスピードは、あらかじめある程度プログラムされています。赤ちゃんはお母さんのおなかの中から、外の世界へ出るという急激な変化に適応して、視覚、聴覚、嗅覚さらに触覚、味覚などの感受性を豊かにし、心も身体も発達していきます。育児書やインターネット上の情報を見ると、典型的な発達パターンが記してありますが、それ以外にもはるかにたくさんのパターンが存在しています。そしてそのスピードは、一人ひとり異なります。どんな子どもも「脳の発達」が「運動の発達」につながり、伴って「神経の発達」があることによって、頭に近い所から徐々に自分の意思で動かせるようになっていきます。

【「運動の発達」の順番】

1 「首」目で物を追うことから始まり、顔を向けられるようになります。
これが、「首すわり」です。

2 「手」触りたいものに手を伸ばし始め、
腰を使って「寝返り」ができるようになります。

3 「足」足を動かせるようになり、つたい歩きから、
だんだんと上手に歩くようになります。

【「運動の発達」の月齢の目安】

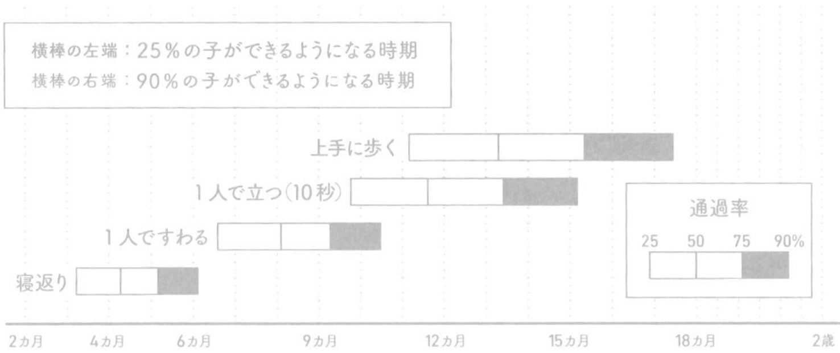

「NHKすくすく子育て情報」

●「寝返り」の場合
25％の子ができるようになる時期 … **4カ月くらい**
90％の子ができるようになる時期 … **6～7カ月くらい**

※それよりも遅い子が10％ほどいるということです。つまり、発達の個人差は、グラフの横棒の長さ以上に大きいといえます。

●平均は気にし過ぎなくていい

グラフの横棒の半分にあたる部分が「平均」といわれている月齢です。ただし、半分ということは、50％の子ができており、50％の子がまだできていないという状態です。そのため、平均とされる時期にできていなくても、心配は不要です。当然のことながら、早くできる子もいれば、ゆっくり発達する子もいます。「運動の発達」には、月齢の幅があるということを知っておくことが大切です。

●乳幼児健診は適切な月齢に受診しましょう

乳幼児健診は小児科医らによる発達のチェックが行われる重要なタイミングです。日ごろ気になっていることを質問してみる機会としてもおすすめ。乳幼児健診の実施時期はお住まいの自治体によって異なりますが、「1歳6カ月」と「3歳」の健診は法的に義務付けられているため、すべての自治体で実施されています。そのほかにも自治体から案内が届く月齢の乳幼児健診は必ず受けるようにしましょう。「1カ月」「3～4カ月」健診は多くの自治体で実施されており、さらに「6～7カ月」「9～10カ月」健診を実施している自治体もあります。こういった時期は、それぞれの発達のチェックポイントとしても大切な時期として位置付けられています。

Q 「運動の発達」の順番が違っていても大丈夫？

「ハイハイ」をしないで立って歩く子がいることは、昔から知られています。「ハイハイ」はみんなが通る道ではなく、通らない子もいます。そのため、「発達の目安」のグラフに「ハイハイ」は入っていません。「ハイハイ」をしない子は、背這いで移動したり、お尻をすって移動する傾向があります。あなたのお子さんが「ハイハイ」をせず歩き始めたとしても、発達にはいろいろなパターンがあり、子どもの特性の１つであると考えるとよいでしょう。

自分が移動したいという気持ちが「ハイハイ」につながります。動きたいという気持ちがある子にとっては、動きやすい環境を準備してあげるとよいでしょう。また、「ハイハイ」をたくさんさせようと、おもちゃなど手に届きそうなところで遠ざけてしまうことは避けましょう。

対処する

こんなときはどうした？
先輩ワーママの体験談

CASE 1 寝返りよりハイハイが先だった！

周りの子は、3～4カ月で寝返りをし始めていましたが、うちの子は一向に寝返りをする気配なし。寝返りやうつ伏せの練習をさせてましたが、全然寝返らない。ズリバイをしているお友達のかたわら、先に腰が据わりずっとお座りの娘。うちの子は大丈夫かしら？ といつも心配でしたが、結局先につかまり立ちをして、最後に9カ月位で寝返り&ハイハイを同時に習得しました。単にうつ伏せの姿勢が嫌で、できるけど必要性を感じていなかっただけのようです。

CASE 2 話さなくて心配だったが、一気に言葉が溢れた

発達が早い子は、1歳後半くらいからぺらぺらと2語文でお話をしてくれていました。うちの子は、2歳後半になっても「アンパンマン」と「いや！」がメインで、単語での指図のみ。かなり心配されましたが、3歳になった途端、一気に今までため込んできた言葉があふれてきました。言葉の習得も個人差があるのですね。

CASE 3 1歳半でも歩かない……

1歳をすぎたあたりから歩き始めるお友達がいる中で、我が子はいつまでたってもハイハイばかり。伝い歩きはするものの、支えなしでのあんよが1歳半をすぎてもできませんでした。区の1歳半検診でも、総合病院の受診を進められて、心配はMAXに……。病院でリハビリを行い、2歳前にはスタスタと歩けるようになりました。今では運動会のかけっこで1番を獲るほど、元気に走り回っています。

対 処する

パートナーの巻き込み方！

その1

一緒に児童館や健診に行ってもらおう

児童館や健診などで他の子を目にする機会の多いママは、我が子との発達の違いが気になりやすいもの。違和感を拭えない時は、パートナーにも同行してもらい、感じていることを共有してみよう。

その2

専門機関での受診はパートナーと

健診での指摘やどうしても気になることがあれば、専門機関の受診を。継続的な通院が必要になるケースもあるので、可能な限りパートナーにも同席してもらい、一緒に話を聞くようにしよう。

ま と め

発達＆発育は個人差が大きく、
赤ちゃんがみんな同じペースで
成長するわけではないから心配しないで！

検診は必ず受け、
問題なければ気にしすぎなくてOK

それでも大幅な遅れや違和感がある
場合は、専門機関で検査を

1章 06 手作りは愛の証し？ 離乳食問題

お悩みポイント

- ☑ 赤ちゃんが食べる最初のごはん。栄養たっぷりで、体にいいものをあげたい！ でも、実際は離乳食を作るのはとても大変。ルールも細かいし、あまり使わない食材をちょっとだけ用意するのも疲れる
- ☑ せっかく作ったのに食べてくれない！ 昨日食べたものを今日は食べない。吐き出す、こねて遊ぶ、お皿をぶちまける……
- ☑ SNSでは、毎日手作りのかわいい離乳食のオンパレード。こんなの毎回無理！ でも、ベビーフードをあげるのにはどこか罪悪感も……

お悩みを 因数分解

脱 バイアス

赤ちゃんの離乳食、手作り＝愛情？

正 しく知る

私はこの子になにをしてあげたくて悩んでるんだろう？ そもそも、離乳食ってなんのためにあるんだろう

対 処する

なにが一番ストレス？ 作るのが大変？ 作ったものを食べてもらえないのがつらい？

離乳食にまつわる罪悪感の“種”は？

正しく知る

いま悩んでいるあなたが知っておきたい FACT

SNSで「離乳食」と検索するととめどなく出てくる、かわいく彩り豊かな手作り離乳食の数々。ただでさえ、毎日の赤ちゃんのお世話や家事で手いっぱいなのに、そんなに毎日手作りできない……。そもそも離乳食ってどう進める？ ベビーフードに気がひけるのはなぜ?? 離乳食の基本から、ベビーフードまでまとめてみました。

離乳食とは

離乳食は、母乳・ミルクから栄養を取るところから、食事で栄養を取れるようになっていくためのステップです。具体的なステップは母子手帳にも載っています。

月齢	5～6カ月	7～8カ月	9～11カ月	12～18カ月
時期	初期（ごっくん期）	中期（もぐもぐ期）	後期（かみかみ期）	完了期（ぱくぱく期）
回数	1日1回	1日2回	1日3回	1日3回
食品の固さ	ヨーグルトくらいのなめらかな状態	豆腐くらいの舌で潰せる固さ	バナナくらいの歯茎で潰せる固さ	肉団子くらいの歯茎でかめる固さ
量の目安	スプーン1杯から	おかゆ：50～80g 野菜・果物：20～30g 魚：10～15g 肉：10～15g 卵黄1-全卵：1/3個 乳製品：50～70g	おかゆ：全粥90～軟飯80g 野菜・果物：30～40g 魚：15g 肉：15g 豆腐：45g 全卵：1/2個 乳製品：80g	おかゆ：軟飯80～ごはん80g 野菜・果物：40～50g 魚：15～20g 肉：15～20g 豆腐：50～55g 全卵：1/2～2/3個 乳製品：100g
授乳回数（目安）	欲しがるだけ	母乳：ほしがるだけ ミルク：1日5～7回程度	母乳：ほしがるだけ ミルク：1日3～7回程度	子どもに合わせて与える
ミルク比率（%）	90～80	70～60	35～20	25～20

1～2カ月のペースで食べ物の柔らかさや形態、試す食材が変わります。もちろん食べる量も少ないので、1回の準備量は少ないです。

スタート時期も「支えると座れる、大人の食事風景に興味を示す、食べ物を見ると口を動かす、首のすわりがしっかりしている、哺乳反射がなくなる」などのサインが出てきてからなので、月齢にこだわり過ぎずにゆっくりスタートでも大丈夫。食べる食べないも赤ちゃんの性格次第。母乳やミルクで栄養はちゃんととれているから、最初のうちは進みがよくなくても心配しなくていいそう。

つまり、どうしても守らなければいけないのは、「食べられる柔らかさ」「アレルギーに気をつける」ことくらい。食べても食べなくても、母乳やミルク以外のものを口に入れる、という練習ができればいいということ。

なにがストレス？

離乳食にストレスを感じる人は少なくありません。でもなにがストレスなのか、細かく考えてみたことはありますか？ 考えると、対応策も見えてくるかも。

- ただでさえ疲れているのに、手作りがしんどい
  →ベビーフード、半製品など、楽に作れるものを活用するのも手かも！
- 食べてもらえないのがストレス
  →「食事の光景に慣れればいい」のであれば、食べなくてもOKと割り切っちゃう？ 割り切れないときは、いったん作るのを止めてみる？
- 買ったものを捨てるのがもったいない
  →自分でできる範囲で手作りしたほうが楽かも？
- おしゃれなもの、バリエーションがあるものが作れない
  →食事に慣れさえすればいいのだから、おしゃれなんて不要！ 同じものを連続してあげたっていい

ベビーフードに頼ると意外とストレスも減るかも？

「離乳食が大変」というと必ずといっていいほどすすめられるベビーフード。でも「ベビーフードを使うこと自体、なんとなくストレス」？ ではその罪悪感はどこから来るのでしょう？「手抜きをしていると思われそう」「なんだか体に悪そう」「おいしくないかも」など、理由はそれぞれかと思いますが、まずは正しく知ってみるのはどうでしょう。ベビーフードの

ベビーフードは、食品の専門家が研究して作った安心・安全な食品

日本ベビーフード協会には「ベビーフード自主規格」があり、それに沿って作られています。例えば、こんなことがきっちり決まっていることは知っていましたか？

- 味付け：薄味を基本に、最低限の味付けとされていて、特に塩分（ナトリウム）の量は上限量が決まっている
- 月齢にあった大きさや柔らかさ
- 食品添加物・農薬：使える食品添加物は限定されている＆最低限の使用のみ
- 製造過程の衛生管理も徹底
- 遺伝子組み換え食品は原則NG。放射能についても通常の食品よりも厳しい基準

「レトルト＝ジャンクフード」と思われがちですが、赤ちゃんが食べるものだからこそ、厳しい基準に則って作られています。自分たちが使用する一つひとつの食品や食材に対して、同じくらいの高い基準を求めるのが大変なくらい、きっちり作られていることがわかります。

しかも、日本でのベビーフードの歴史はとっても長く、なんと1937年に最初のおかゆが発売されていました。ということは、あなたのお母さんだって、ベビーフードを食べていたのかも？ レトルト食品（ウェットタイプ）は1995年には生産量2,999トン・売上高約98億円だったのに対し、2021年は1万4570トン・約258億円と生産量も売り上げも年々増えており、子育て家庭になじんできていることがよくわかります。

よく知ると、「ベビーフードも意外といいかも」という気にもなってきませんか？ うまく使えば、食品の数や味のバリエーションを豊かにしてくれるし、パパやママが苦手な食材にトライできる、お出かけの時に衛生的なものをあげられる、レバーなどの下ごしらえが大変な食材も取り入れられるなど、ベビーフードならではのメリットも。非常時用のローリングストックとしても安心。厚生労働省の離乳スタートガイドでもベビーフードの活用は推奨されています。

自分が離乳食に持つストレスの要素を分解して、自分にあった方法・方針で進めてみてくださいね！

対 処する

こんなときはどうした？
先輩ワーママの体験談

CASE 1 手作り一切なし！ ベビーフード徹底活用離乳食

1人目は手作りしたものの、2人目は最初からベビーフードを活用。というのも、上の子の面倒を見ながらの調理は大変ですし、「離乳食はいろんな食材に慣れるためのもの」と聞いて、私のスキルでは力不足とあきらめました。特に、私自身は苦手だけど、栄養豊富で子どもにはあげたいレバーや青魚は、ベビーフードが活躍。1人目に直面した「せっかく作ったのに食べてくれない……」という悩みも、ベビーフードにはあまり感じず。離乳食作りの時間の分、たくさん子どもと触れあう時間が取れました。手作りで育った1人目も、ベビーフードで育った2人目も発育も変わりなく元気ですよ。

CASE 2 生協の下処理済み野菜や魚を活用！ 半手作りの時短離乳食

全部手作りする余裕も気力もないけれど、ベビーフードに頼り切るのも抵抗があった私。生協で冷凍の野菜ペーストやみじん切り野菜が冷凍で売っていると雑誌で見かけたので、買いだめして、組み合わせるだけの離乳食をよく作っていました！ おかゆだけは自作で冷凍していたのも私のこだわり。外出時などはベビーフードにも頼りつつ、ほどよい手作り感と、私の「やってあげたい」が満たされてました。

CASE 3 離乳食を機に栄養に興味が湧いた！

もともと凝り性なので、出汁のひき方、野菜の大きさ、食材の進め方などがおもしろくて、パズルのようにいろんな新食材や組み合わせを試して、手作り離乳食を楽しんでいました。育休中かつ1人目で、時間に余裕があったからできたことだと思います。子どももよく食べるタイプだったので、手作り離乳食が趣味に。食べていた本人はまったく覚えていませんが（笑）、乳幼児期にしてあげられたことの1つとしていい思い出になっています！

対 処する

\ パートナーの巻き込み方！ /

その1

離乳食について知ってもらおう

ママが離乳食について初めから知っているわけではないのと同じで、パートナーも離乳食がどういうものなのか（いつから、どんなものを、どのくらい）が全くわかっていない可能性が高いです！「赤ちゃんの時からレトルトあげていいのかな」「こんな食材食べさせていいのかな?」なんてショックな一言も、知らないからこそ、悪気なく言ってしまうことがあります。本やネットで一緒に基本を知ってもらいましょう。

その2

一緒に作って、食べさせてみよう

「離乳食なんて量が少ないしパパッとできるでしょ?」なんて勘違いしてることも。手作りするときは手順や作業を見てもらったり、手伝ってもらったり、実際にお願いするのも○。意外とパートナーがあげると食べる、なんてこともあってパートナーが離乳食係になってくれるかも!?

その3

子ども＆ママにはポジティブな声がけをお願いする

「食べないのはおいしくないからじゃ……」なんてことも勘違い。そんなことを言われると、楽しいごはんの時間も台無し。食べない子は本当に食べない！「おいしいね」とポジティブな声がけで、楽しい雰囲気作りを手伝ってもらおう。

ワーク
TIME!

正しく知り、先輩ワーママのお話を読んで、
自分に合う考えだと思った部分やイメージが変わったことなど、
自由に書き残してください。

ま と め

ストレスの要因を考えてみる

大事なのは
「赤ちゃんがしっかり成長しているか」と
「食材・固さのルールが守られているか」だけ！

その2つをクリアできているなら、
手作りでもベビーフードでもママの楽なやり方でOK！

食べない子は食べない。気負わず、不安にならず、
気軽に離乳食を進めていこう！

保活? 時短? 育休延長??

1章 07 保活関連情報一気出し!

お悩みポイント

- ☑ 保活はいつから、なにを始めればいいの?
- ☑ 育休中だからママがメインに動いた方がいいよね
- ☑ 希望園はどういう基準で選べばいいのか、情報がほしい!

お悩みを

因 数 分 解

脱 バイアス

保育園は送迎を含めて、
両親のかかわりが大きい分野。
入園後を見据えて
保活の時点からパートナーも
しっかり巻き込んで!

正 しく知る

保育園の複雑な制度を
把握しよう!

対 処する

保活への希望は
家庭によってさまざま。
自分たちの希望を整理しよう。

一言で「保活」といっても、やるべきことはたくさん。でも正直「なにから始めたらいいの……？」というのが本音なはず。そこでこの章では、保活で最低限知っておくべきことをまとめていきます。保育園選びは入園後の家族の生活に大きな影響があります。ここから先はパートナーと一緒に読み、理解を深めてください！

正しく知る

いま悩んでいるあなたが知っておきたい FACT

〔保育園の制度を理解しよう〕

保育園の種類：まずは保育園を知ろう

保育園は大きく分けて、認可／認可外施設の2つがあります。それぞれの違いについて理解し、希望とすり合わせましょう！

	認可保育園		認可外保育園	
	認可保育園（公立・私立）	認定こども園	認証保育所（東京都）	その他認可外
特徴	・施設規模、設備が国の基準を満たしている	・幼稚園と保育園の両方の機能を持つ	・保育園が自治体の補助を受けている ・0歳児保育が必ずある ・認可保育園より開所時間が長い	・園によってさまざまな特色あり（英語教育、病児保育、夜間保育など）
対象年齢	・0歳～就学前	・0歳～就学前 ただし、0～2歳は保育の必要性認定が必要	・A型：0歳～就学前 ・B型：0歳～2歳児	・0歳～就学前
申し込み先	自治体	自治体 or 園	保育園	
料金	子どもの年齢、世帯年収により変動		園による 都による上限設定あり	園による
無償化範囲	0～2歳：住民税非課税世帯のみ無償 3～5歳：全員無償		0～2歳：住民税非課税世帯のみ月額4.2万円まで無償（※） 3～5歳：月額3.7万円まで全員無償（※）	

※「保育の必要性」の認定を受ける必要あり　（2023年1月時点）

スケジュール：どんなスケジュールなの？

大多数が通うことになる認可保育園の場合、4月入園が最も一般的。そして、どの園を希望していても園に直接申し込むことはありません。おおよそ、6月～9月までに候補となる園に直接連絡して見学をし、10月～11月に自治体へ一斉申し込み（こちらも事前に自分で必要書類を取りに行くor取り寄せる）。1月下旬～2月初旬にかけて合否発表となることが多いです。とにもかくにも、お住まいの自治体のHPを常にチェックし、窓口に相談にいって情報収集するのがマスト！

認可外保育園は各園の方針で異なるため、それぞれ調べておくことをお勧めします。

【一般的なスケジュール】4月入園の場合

	4月	5月	6月	7月	8月	9月	10月	11月	12月	1月	2月	3月	4月
認可保育園			見学 →				申し込み →				合否発表		入園
認可外保育園	（通年）見学、申し込み →												

認可保育園の選考方法：ポイント制を理解しよう

認可保育園の入園選考にあたっては自治体が保護者の就労状況やきょうだいの数などに応じてポイントを付与し、点数の高い家庭から入園が決まることが一般的です。自治体によって項目やポイントの数は異なりますが、よくある項目は次のようなものがあります。

〈基礎項目〉

- 保護者の就業状況（勤務日数、勤務時間）
- 保護者の健康状態（病気、障害など）
- ひとり親世帯　など

〈調整項目〉

- 入園希望児のきょうだいが保育園児（or幼稚園児）であること
- 保護者が育休から復職済、かつ認証or無認可保育園に通っていること
- 復職後に時短勤務を行う場合（減点要素）
- 近隣に祖父母が居住していること（減点要素）　など

以上のような項目をもとに応募者が点数化され合格者を決めていくので、自分の家庭

が何点もらえるか、あらかじめ自治体の保活相談会などに参加して算出してみてもらうことをお勧めします。また、前年度保育園入園者の点数が翌年に公表される場合が多いので、自身の点数と希望する園の合格実績を比較してみてください。

合否通知後の流れ：入園準備に向けて

認可保育園の4月入園を希望した場合、自治体によっても異なりますが2月初旬をめどに合否通知が届きます。不合格の場合は育休延長して保活を続けるか、空いている認証、認可外に切り替えて申し込みなどを行うことに。

晴れて合格した場合には、入園に向けて保育園の説明会や入園前健診などこまごました手続きが必要。この時に、入園後に使用する保育用品の準備リストが配布されます。これは園によって異なりますが、購入から名前付け等それなりの手間がかかってきます。手作りにこだわることなく、市販品もうまく活用して乗り切りましょう（第３章参照）。

保育園の見学ポイント、選び方！

- 教育方針：最近はただ預けるだけではなく教育に力を入れる園も増えてきました。のびのびと自主性を重んじる園もあれば、体育や音楽に力を入れる園までさまざま。家庭での教育方針に合っているか確認を
- セキュリティ：子どもを長時間預けるので、安全安心が一番大事。遊具や日常生活、不審者対策など、子どもの身を守るための取り組みを確認しよう
- 園の雰囲気：たった一度の見学で判断できるものではありませんが、園内が整理されていて清潔か、保育士たちの雰囲気など、なんとなくの直感的印象も大事かも？
- 先生の人数：法定で定められている保育士の人員数に加え、保育補助や事務員など保育園を支える職員さんはたくさん。人手が足りずに運営に支障をきたしていないかを確認しよう
- 園庭の有無：のびのびと体を動かすには園庭が一番。理想に近いところを探そう。園庭がない場合は、公園に行く頻度なども聞いてみて
- 自宅・駅からの距離：保育園への送迎は、最大6年間ほぼ毎日続くもの。負担が大きすぎないか、送迎シミュレーションを！

\ 保活お役立ち情報！ /

保育園についてはなんとなくわかったけど、ちゃんと受かるのかな？ 実際のところどうなの？ そんな不安にお答えします。

その1 0歳児4月入園が主流？

認可園を目指す場合、満1歳になる前の4月に0歳児クラスで入園するのが最も入りやすいといわれています。1歳を過ぎると1歳児クラス入園となり、定員には0歳児クラスからの持ち上がりの子が含まれてしまい、入園枠が少なくなるからです。さらにポイント制により、きょうだいがいる子が優先されやすく、競争はシビアに。0歳児クラスといっても、入園できる月齢に制限（生後57日以降など）もあるため、早生まれのお子さんの場合は要注意です。

その2 育休期間満了の満1歳で入園・復帰したいんだけど……

認可園希望の場合、希望したタイミングで空きがあれば入園可能ですが、転勤などの理由で退園する子がいない限り空きが出ないので入園できません。加えて、ほかにも待機家庭があるので、4月入園と比べるとハードルは高くなります。事業所内保育園や認可外保育園にまずは入園して、どうしても認可を希望する場合には次の4月に認可園を目指すことになります。認可を希望している場合でも事業所内保育園や認可外保育園は必ずチェックしてください！

その3 幼稚園に通わせるのは難しい？

「復職＝保育園入園」と思いがちですが、近隣に気に入った保育園が見つからなかったり、教育方針によっては、実は働きながら幼稚園に通わせているご家庭も多いです。延長保育はもちろんのこと、送迎バスや給食を頼める園もあったりと、少子化の流れを受けているのか、幼稚園も働くママに合わせた柔軟なスタイルに変わってきています。幼稚園の入園は基本年少クラスからになりますが、「プレ」（年少の1学年下）がある幼稚園もあるので、近隣の幼稚園についてもぜひ調べてみてください。また、2006年に創設された「こども園」も選択肢のひとつ。保育園と幼稚園の両方の側面をもつ「幼保一体型施設」です。幼稚園的な教育面の機能がありつつも、長時間の保育もしてくれることから人気があります。

対処する

パートナーの巻き込み方！

その1

保活はパートナーとの分担がしやすい

保活は、保育園の調査・見学・応募書類の準備など、やることがたくさん。そしてどれをとっても、「ママじゃなきゃできない」ことはほとんどないはず。やるべきことの洗い出しからパートナーと協力して取り組み、ひとつずつ分担してみよう。

その2

保育園入園後の生活に大きな影響あり

保育園選びは、入園後の生活にも大きな影響があります。最大6年間毎日通うことになるので、少しの送迎時間や送迎ルートの違いでも、日々の積み重ねで大きな負担につながります。「なんとか乗り切れるでしょ」といったギリギリのラインではなく、余裕を持った生活ができるように、パートナーと共に、入園後のスケジュールを組みながら考えてみてください。

対 処する

こんなときはどうした？

先輩ワーママの体験談

CASE 1 認可保育園に入れず、認証保育園と幼稚園に

ずっと認可保育園を希望していましたがかなわず、認証保育園に通いました。年少に上がるタイミングで幼稚園にも延長保育があることを知り、思い切って転園。延長保育をする子が少ない環境で子どもがかわいそうじゃないかとの不安もありましたが、延長時間で習い事もさせてもらえたので、とてもいい環境でした。

CASE 2 1人目の保活で苦労したのに2人目も……

1人目の保活は1歳児クラス入園を希望していたのでとても苦労し、認可外園を経て、ようやく認可保育園に転園できたころに2人目が生まれました。2人目はきょうだいポイントがあるし、1歳児クラス入園でも入園できるだろうと思っていたら、その年は応募者が多く、同園入園はかないませんでした。転園願いを出し続けましたが、結局1人目が卒園するまで別園への送り迎え体制が続きました。きょうだいを別園に通わせるのは物理的にも精神的にもかなり大変だったので、きょうだい同園入園できるように入念な準備をお勧めしたいです。

CASE 3 認可園全滅で育休延長を決断

早生まれだったわが子は、0歳児クラス入園時に生後57日を超えないことから申し込みができず。1歳児クラスの4月入園に申し込みましたが、激戦区のため、どこも不承諾になってしまいました。送迎のある遠めの認証や認可外園、ベビーシッターなどを検討しましたが、コストがかかり過ぎてしまうために断念。長く休むことに不安はありましたが、育休を延長。想定外の長い休みになりましたが、思い返せば業務に大きな問題もなく、子どもにつきっきりで過ごせたのでよかったです。入園後も、2歳前後になっていたので熱も出しにくく、呼び出し回数も少なめ。しっかり準備もできたので、スムーズに復職できたと思います。

ワーク
TIME!

正しく知り、先輩ワーママのお話を読んで、
自分に合う考えだと思った部分やイメージが変わったことなど、
自由に書き残してください。

ま と め

保育園に期待することを、
家庭での教育方針をもとに整理！

事前のシミュレーションが大事！
最大６年間の送り迎えや日常生活を想像しながら
園を選ぼう

保育園応募から合格までは一大プロジェクト。
チーム体制で役割分担して乗り切ろう！

1章

あんなに泣いていて大丈夫……？

08 保育園慣れ

お悩みポイント

- いよいよ始まった慣らし保育！
保育園の入り口で大泣きのわが子……
- 泣き声に後ろ髪をひかれる思い……。
こんな悲しい思いをさせてまで私って働きたいんだっけ？

お悩みを

因数分解

脱バイアス

泣いている我が子を置いてまで
働きに行く私は悪いママ……？

正しく知る

「ずっと一緒だったママと離れたら
泣くのは当たり前」といった
子どもへの理解も大事

対処する

「泣いている子どもがかわいそう」と
「働きたい／働かなきゃ」は
両立し得る

そんなもんです

正しく知る

いま悩んでいるあなたが知っておきたい

専門家のお話

坂井麻美さん

幼稚園教諭・保育士（幼稚園・保育園で計10年以上を経験）
自身も3児の母

保育士さんが語る、ママの知らない「保育園での子どもたち」

激戦の保活も終わって、やっと保育園も決まり、いよいよ復職だ！というタイミングで始まる「慣らし保育」。保育園に通うことに慣れるためのこの時期、ママを悩ませるのは保育園の入り口で泣き叫ぶわが子の姿……。今までずーっと一緒だった子どもと離れるのも悲しいのに、こんなに泣かれるとつらい……。その気持ちわかります！でもみんなが通る道。子どもたちもすぐに慣れるので安心してくださいね。

Q1 泣いているまま預けてしまっていい？子どもは登園後ずっと泣いているの？

預け始めで赤ちゃんが泣くことは、大好きなママから離れる不安と環境の変化などが理由で、それ自体はとても自然なこと。保育士も慣れていますので、泣いたまま預けてもまったく問題はありません。

ずっと泣き続けているお子さんはまれにしかおらず、多くは10分程度で泣き止むので、安心してください。保育士が抱っこして、少し落ち着いた頃におもちゃを見せたり、窓の外を見たり、少し気をそらすと大体のお子さんが泣き止みます。

Q2 いつごろ保育園に慣れるもの？いい送り出し方とは？

慣らし保育が終わる2週間も経てば、お別れの時に泣かずに登園できる子も増えてきます。個人的な経験ですが、玄関でのお別れの時に「楽しんできてね!」とお子さんを送り出すママがいらっしゃって、すごくポジティブな声掛けだなと思いました。

逆にこれは困ったなというケースは、赤ちゃんの泣き顔を見て、なかなか離れられなくなってしまうママ。ママがそこにいると、赤ちゃんはママと一緒に居たくて泣き続けてしまうのです(笑)。笑顔で「ママ行ってくるね」とサッと離れて大丈夫です。

保育園イヤイヤに悩むママたちへ

お子さんと別れる時に後ろ髪を引かれるママには、悩まずに、そんな自分を認めてあげてください。その気持ちは、お子さんの立場に立って考えられている証拠ですし、とても素敵なことだと思います。子どもたちは保育園にすぐ慣れますので安心してくださいね。

一方で、お願いしたいことが1つあります。ママは仕事で疲れたままお迎えに来て、一刻も早く帰りたいという日も多いはず。時々園ではよい子にしていたのですが、ママを見た途端にぐずったり、反抗したりするお子さんがいます。がんばった気持ちを汲み、怒るのではなくギュッとして褒めてあげてください。

いろんな情報があふれる時代ですが、子育てに正解はありません。子どもはママの笑顔が大好き。ごはんを一生懸命作るのもいいですし、お弁当を買ってもいい。なるべく余裕を持つことを心がけ、お子さんと向き合えるといいと思います。

子どもたちはすぐ大きくなり、一緒に遊んでくれなくなります(笑)。大変な時期でしょうが、今だけの子育てを、がんばり過ぎずに笑顔で楽しんでください!

対 処する

こんなときはどうした？
先輩ワーママの体験談

CASE 1 初日大泣きも、今は秒でバイバイ

初日は長男・次男ともに大号泣。しがみついてる2人を先生に引き剥がしてもらってようやく、という感じで、2人の泣き声を背に保育園を後にしました、お迎えの時まで泣いている……ということはなかったものの、長男はクラスメートとも遊ばず、給食も食べられない日が続いて少し心配に。ただ、先生のことは大好きでべったりだったから、大丈夫だろうと確信（笑）。お別れの時に2人が泣かなくなったのは、3週間ほど経過したあたり。お友達もできて今やママにもパートナーにも目もくれず保育園に秒で吸い込まれて行きます。

CASE 2 働いていることに罪悪感を覚えない自分でいたい

生後半年から無認可保育園に入れて週1回ほど預けていたので、復職し、預けるのが毎日になってもあまり泣いたりはしませんでした。預けていることに罪悪感があったのは事実ですが、私が「ごめんね」と言ってしまったら、子どもも「ママは私に悪いことをしているんだ」と認識してしまうのではないかと思い、お迎えが遅くなった時は「待っていてくれてありがとう!」と伝えるようにしていました。

CASE 3 思い返せば戦争だった……

息子は保育園が大嫌いで、半年以上は「行くのがいや!」と出発前から泣いていました。手を離すと逃げてしまうのでしっかりつないで、先生にお渡ししてから息子の泣く声を背に、逃げるように保育園を後にしていた時もありました。迎えに行くと元気にしているので、保育園が嫌いなわけではなく、ママと離れることがつらいのだと判断し、しばらくパートナーに送りを依頼しました。息子もパートナーとなら少し落ち着いて登園できることが増え、だんだん慣れていった記憶があります。

対 処する

パートナーの巻き込み方！

その1

パートナーに送りを積極的にお願い！

「パートナーが送りの時は平気」というパターンもあるので、可能な限りパートナーの頻度を増やしてもらうのもいいかも。保育園に行くことを楽しいイベントにするべく、列車ふう、飛行機ふう、小脇に抱えた小荷物ふうなど、パートナーに子どもの抱っこの仕方を工夫してもらうのも手

その2

保育園での楽しそうな様子を先生に聞く

泣いて別れる姿しか見ていないと、1日中泣いているのかも……と保護者も不安になりやすい。そんなときは保育士さんに積極的に園での様子を聞いてみよう。楽しく遊ぶ姿を確認できたら安心できるはず

ま　と　め

子どもの切り替えは案外早い！ ママの顔が
見えなくなったら10分くらいで泣き止んでいる

保育園は子どもにとっても楽しい場所。
通い始めて半月～1カ月で必ず慣れます！

ママと離れるのが寂しいのは当たり前。
笑顔で送りお迎えしよう！

お熱の時はママがいてあげないとかわいそう!?

1章 09 お熱問題

お悩みポイント

- ☑ 保育園に通い始めると、頻繁に熱を出す
- ☑ 保育園によっては寝起きの一番体温が高いときに、少しでも規定体温を超えるとお迎え要請の電話をしてくるところも
- ☑ お熱電話がかかってくるのは第一連絡先（多くはママ）
- ☑ 予兆がないことがほとんどで、急な仕事の早退や調整が必要になる
- ☑ 感染症などの場合は数日お休みをしなければいけないので、その間の仕事の調整や保育場所の確保も必要

お悩みを因数分解

脱 バイアス

熱が出ている子を置いてまで
仕事をするのは、悪いママ？
でも毎回休んで会社にも申し訳ない

正 しく知る

複数の子どもと生活すれば
熱を出すのは当然！
そのつもりで事前準備を

対 処する

自分やパートナーの働き方を分析し、
代替保育の最適解を見つけておく！

正しく知る

いま悩んでいるあなたが知っておきたい FACT

この呼び出し、いつまで続くの……？

保育園児が年間平均何日病欠でお休みしたかをクラス別に調査したグラフです。見てわかる通り、徐々に減り、2歳になる頃には0歳時の約半分。

保育園に入りたての0歳時は免疫力が弱いことに加え、初めての共同生活によって、新しいウイルスに触れたり、疲れやすくなったりと病気にかかりやすい要因がたくさん。徐々に減っていくので0～2歳期を乗り切りましょう。

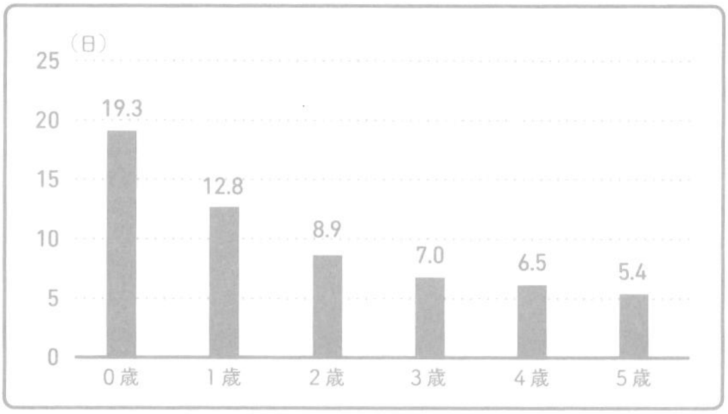

「保育園児の病欠頻度に関する研究」

病児保育の種類

病児保育には大きく分けて「施設型」と「訪問型」があります。どちらも共通して言えるのは「熱を出してから突然調べて使おうと思っても無理」ということです。できれば育休中など時間に余裕があるうちに、各種病児保育サービスを調べ、事前手続きを済ませておくと安心です。

施設型

❶小児科クリニックや総合病院などの医療機関に併設されている病児保育室である「医療機関併設型」、❷保育所と同じ建物や敷地内に併設されている病児保育室である「保育園併設型」、❸医療機関や保育施設などと併設しておらず、単独で存在している病児保育室「単独型」の3つのタイプがあります。

対象年齢、利用時間、料金、休業日、申請方法などは、各自治体や施設によって異なるため、事前に確認しておくのをオススメします。❶～❸のどのタイプも、利用に当たっては事前登録が必要です。施設へ行って申し込み用紙をもらい、必要な書類（申し込み用紙、保険証、医療証など）を持って登録しないと利用できません。医療機関の場合はさらに事前に一度診察を受けた実績がないと使用できない施設もあります。

訪問型

保育を受ける子どもの自宅に保育者が訪問し、自宅が保育場所となるタイプの病児保育です。NPO 団体が運営している病児専門保育者を派遣してくれるものや、病児保育が可能なベビーシッターにきてもらうなどして利用します。

【施設型と訪問型のメリット・デメリット】

	メリット	デメリット
施設型	・医療機関併設型は医療従事者が状態急変時にもスピーディーに対応してくれる ・自治体が運営（または補助）している施設が多く、安価に利用できる	・受け入れ人数が少なく、予約が取りにくい。特に冬場は激戦 ・インフルエンザなど感染症の種類によっては受け入れ不可の施設も
訪問型	・保育園へのお迎えや病院での診察などのサービス提供も可。病院への受診の時間がとれない時に便利 ・感染症の種類に関係なく利用できる	・派遣されるベビーシッターが医療従事者などの専門家でない場合もあり、急な容態の変化には不安がある ・入会金や月会費が必要なケースや、病児シッティングが通常のシッティングより高額なため、施設型より費用が高くなりがち

対処する

こんなときはどうした？

先輩ワーママの体験談

CASE 1 あらゆる病児保育を駆使。プロに見守ってもらう安心感に救われた

業務の関係上、両親共に急な予定変更が難しいため、入念に準備しました。まずは区の病児保育施設と訪問型病児保育のフローレンスに登録・申し込み。実際、復職すると月2回ペースで発熱やお腹の不調で呼び出しがありました。当日はなるべく早めにお迎えに行き、病院へ。すぐに診察を受けて、病児保育施設へ空き状況の確認、予約をするように。しかし、感染症がはやっている時期などは施設の予約はなかなか空いておらず、フローレンスも活用しました。どちらも毎日病児を診ているプロの方がそばについていてくれる安心感で仕事に専念でき、本当に欠かせないパートナーでした。保育レポートには1時間毎の検温、睡眠時のこまめな呼吸確認、食事やお遊びの状況や体調など細かに書かれていて、毎回感謝でいっぱいでした。施設型では医師や看護師が病状を確認してくれたり、感染症の場合には完治後に医師から登園証明書をもらわなければ登園できないのですが、証明書も一緒に対応してもらえたのもありがたかったです。「ママがいてあげなくて大丈夫?」と会社で言われて最初は心が痛いこともありましたが、自分では到底できないきめ細やかな対応をしてもらえるので、途中からは「私よりプロの方に診てもらえるほうが安心ですよ！」と言えるようになりました。

CASE 2 急な休みに備えて情報共有を徹底、リモートワークを活用して備えた

復職後、最初のうちは熱の呼び出しが多いと聞いていたので、上司や同僚にも事前に相談し、仕事の仕方を工夫。業務内容の進捗状況をこまめに共有し、資料もすべて共有フォルダに入れていつでも誰でも見れるように。また、通常時も定期的に在宅勤務を取り入れ、いつでもリモート業務に移行できるように慣らしておきました。おかげで、子どもの急な発熱時でもスムーズに仕事を引き継ぐことができました。感染症などでお休みが続く時にもリモートワークにすることで、仕事が回らなくなったり、有給が足りなくなったりなども防げます。初めは上司や同僚にかな

り負担をかけましたが、体制が整ったことで、同じように子どものいる人や介護中の人にとっても、働き方の自由度が上がるというプラスの効果がありました。

CASE 3 一次連絡先とお迎えはパートナー、翌日以降の病児対応をママ、と決めた

保育園からの一次連絡先をママにしている家庭が多いと思いますが、我が家はパートナーに。というのも、パートナーは早抜けをしてお迎えに行くのは難しくないのですが、急にお休みをするのは難しい職場だったので、お迎え担当に。私はパートナーが看てくれている間に、仕事を調整したり病児保育の手配をしたり、翌日以降の病児保育の準備をするように分担。ママ１人が電話を受けてお迎えに行き、並行して翌日以降の対応の準備をするのはかなり負担が大きい。病児保育は激戦だから早く連絡し、加えて早く会社を出てお迎えに行かなければいけない、というのは想像以上に焦りと負担があるもの。しかし、お迎えをパートナーが担当すれば、落ち着いて翌日以降の準備ができ、心身共にかなり余裕が生まれるのでオススメです。役割は仕事の自由度に応じて、逆でもOK。

ワーク TIME!

正しく知り、先輩ワーママのお話を読んで、
自分に合う考えだと思った部分やイメージが変わったことなど、
自由に書き残してください。

対 処する

＼ パートナーの巻き込み方！ ／

その1

事前に一緒にシミュレーションして方針や分担方法を決めておこう

朝は元気だった子も、発熱はいつも突然に。すぐに対応できるように、病時の預け先一覧や対応方法（病院、施設の一覧や連絡先、病児保育申し込みURLやID・PASS）は共有し、ママもパートナーも同様に手配ができるようにしておきたい。病児保育は普段の保育園よりも準備するものやイレギュラーな対応が多いので、準備フローも共有し、パートナーでもできるようにしておこう。

その2

「病気の時はママじゃなきゃ」は絶対？

誰でも適切に安全に育児ができることが大事。お迎えに行かない方が翌日の手配をするなど、どちらかだけに負担が偏らないように。特に長期で休園せざるを得なくなる感染症にり患した場合は、お互いに仕事の調整を行うなど気遣いを！

ま と め

お熱で頻繁に呼び出される日々は長くは続かない！

パートナーと一緒に病時の対応をシミュレーションして、事前に方針決め＆準備をして乗り切ろう！

3歳になったら終わるって言ってなかった……？

1章 10 終わらない「イヤイヤ期」との戦い

お悩みポイント

- ☑「2歳になったら」「3歳になったら」「保育園に入ったら」終わると聞いていたイヤイヤ期が終わらなーーーーーーーーい!!
- ☑繰り返される理不尽・無理難題にどうやって対応すればいい？
- ☑子どものイヤイヤに、怒っちゃう自分もイヤ！

お悩みを

因　数　分　解

脱 バイアス

タイプや名前を変え、終わったように見せかけて、子どものイヤイヤはいつだって子育てと共にあります!!

正 しく知る

根本的な解決は無理！
小手先でもいいのでやりすごし、面白がるしかない

対 処する

ママだって人間だもの、怒るのは当然！
必要以上に罪悪感を持たなくてOK

正しく知る　対処する

先輩ワーママたちのイヤイヤエピソード

先輩ママたちのイヤイヤ期エピソード。よその子の話だと、
かわいく思えるし笑っちゃうんですよね。読んで笑ってやってください！
そして、みなさんをイライラさせる日々が
少しだけ笑えるようになったら。

2歳

自我が芽生えるも、まだまだ
言葉では上手な意思疎通ができず、
大人からするとどんでもなく理不尽な
要求が飛び出すこの時期。
無理難題に途方に暮れる
先輩ワーママのエピソード。

レンジにごはん入れたら
「チンしちゃいや〜！」と泣き叫び、
バナナが食べたいというからむいて渡したら
「じぶんでむきたかった〜！」と文句を言われ、
エレベーターを7階で降りたら
「ななかいイヤ〜！」と暴れてよりによって
百貨店内で大の字じたばた
イヤイヤもされました……。

そこそこ大きいIKEAの
パンダのぬいぐるみと一緒じゃないと
登園してくれなかった我が子。
保育園ではパンダを預かってくれないので、
私が**毎日パンダと同伴出勤**
してました（笑）。
いつもバッグからパンダがはみ出ており、
同僚に笑われてた毎日！
それから数年後、その同僚も母になり、
「あの時は笑っていたけど、
気持ちがわかるようになりました……」
と報告してくれましたよ！

着替えを嫌がり、
「トーマスのパジャマを着て
保育園に行く」と聞かない朝。
仕方なくお着替えのうえに
トーマスを着せて登園し、
保育園の受け渡しのタイミングで
パジャマを脱がせました。

お出かけに
上履きを履いて行きたいと
言って聞かなかったので、
お台場に上履きで
遊びに行きました。
もう気にしない！
悟りの境地！

3歳

**少しおしゃべりが上手になり、
要求はより高度かつ詳細に。
子どもながらの強いこだわりに感じ、
成長と要求のかわいらしさに
癒やされることもあるけど、
毎日やられると正直しんどい！**

トーマス大好きな息子、
**私が何か言う時は必ず
トーマスのキャラに
なりきらなければならず、**
少しでも声色や話し方に違和感があると
「○○はそんなおしゃべりはしないよ！」
とブチ切れ。パーシーのマネをしている
YouTuberのモノマネを強要されたときは、
「どうすれば……」と途方に暮れながら
やりきりました（笑）。

お迎えに行っても
園から帰りたがらない。
無理やり抱っこも、
自転車に乗せるのも難しく、
ただただ根気強く待つ、待つ、待つ……。
早くお迎えに行ったのに、
結局は延長保育の子と同じになることも。
おうちに帰ろうよーーーーー!!

衣服へのこだわりが強くて、
**本当に毎朝
着る・着ないの大ゲンカ！**
同じズボンや同じ靴下を履きたがるから
洗濯が大変。洗い換え用に
同じものや似たようなものを買い足した途端、
突然着なくなることもザラで、
いつも洋服購入は賭けでした。

カフェで私と夫が頼んだ
カプチーノがかわいく
ラテアートされてたのを見て嫉妬し、
**「ママのコーヒーを見たら
悲しい気持ちになる！
グチャグチャにしたい！」**と
スプーンでかき回され、
ラテアートがものの1分で
天に召されました……。
ゆっくり楽しませておくれ。

4歳

**しっかりと意思表示し、
頑固さがうなぎのぼり！
体力も知恵も付いてきたので、
力技ではもう太刀打ちできない。
育児にも慣れてきて悟りの境地に至った
先輩ママのエピソードを
ご覧あれ！**

保育園帰りにスーパーに寄ると、
**いろいろ買ってほしくて
駄々をこねられる、**
というエピソードは鉄板。ママによって
「1個だけOKというルールを決めていた」
「できるだけスーパーに連れて行かずに済むように、
1人で行けるときにまとめ買いしていた」
「このお菓子を買うなら、夜ごはんのおかずは
減らさなきゃいけないけどどっちがいい？ と聞く」
「食玩をねだられた時は、『ここで小さいものを買わずに、
おもちゃ屋さんに見に行ってからにしたら？』
とクールダウンさせる」など、
さまざまな対処法がありました！

小さい頃から続いているけど、
**嫌いなものは
断固として食べない！**
無理に食べさせようとするとしんどくなるので、
「園で栄養満点のごはんを食べているから大丈夫」
と割り切って、たまにヨーグルトに
青汁をまぜて食べさせて
「栄養補給」としていました。
穏やかに過ごすにはあきらめが大事。

洋服関連のイヤイヤは
この時期も健在。
「ジャンパーを着たくない」
「同じ服を毎日着たい」
「柄 on 柄は日常。緑の上と赤い下履いて
クリスマスツリーと化している」など、
とんでもファッションエピソードが多数。
ほとんどのママさんはあきらめ、
子どものしたいようにさせていました。
手抜きではありません、
子どもの意思を尊重しているのです！

「もう寝る時間だよ」
の後に小言を漏らしていたら、
**「早く寝ろって言ったのに
寝かせてもらえないじゃん」**と文句。
毎日「まだ眠くない！」「眠れない」
というくせに、
こういう時ばかり口答えを……。

5歳以降

**もう落ち着くはずと
高を括ることなかれ。
知恵を付けた子どもたちとの
闘いの日々は続きます……。**

**子どもは
永遠にイヤイヤ期。**
就学後も続きますが、
まぁ外の社会でがんばっている分、
家ではイヤイヤさせてやるかと
思えるようになってきます。
ずっと続くと思って気長にやりましょう！
（小5＆中2ママ）

対 処する

＼ パートナーの巻き込み方！ ／

その1

イヤイヤに向き合うスタンスを共有する

ママもパートナーも子どものイヤイヤに怒ってしまうことはある。その場合、「怒りすぎてしまうので途中で止めてほしい」「最後まで子どもと話をしたいので割り込まないでほしい」など、事前にお互いのスタンスを共有しておきましょう。

その2

子どもへのメッセージはできるだけ合わせる

パートナーとママで言うことが違うと、子どもは混乱します。「絶対NG」に関してだけでもメッセージがズレないようにすり合わせをしておくと、怒るべきところと大目に見るところの判断の基準にもなり、気が楽になりますよ。

まとめ

子どもはいつまでもイヤイヤ期！
あなたの子だけじゃないので、
悩まずぼちぼちいきましょう！

怒ることもたまには必要。
基準だけパートナーと事前にすり合わせよう！

平日夕方からは毎日戦場、土日は休みたい

1章 11 子どもとの時間がない罪悪感……

お悩みポイント

- ☑ 平日は朝1時間、帰宅後3時間しか一緒にいられないのに、ほとんどテレビ見せてるか家事しているか、イライラしている! 私ってママ失格…? なんて悩んだり
- ☑ 幼稚園ママたちは、午後からずっと一緒にいて、習い事もたくさんしているのに、なにもさせてあげれらていないと凹んだり
- ☑ お金を払って保育園に通わせて、シッターさんを雇って、大好きな子どもにもあたって。私ってなんのために働いているのかな……なんて落ち込んだり

お悩みを

因数分解

脱 バイアス

忙しい毎日でイライラするのは当たり前!

正 しく知る

「子どもとの時間が取れない＝ダメなママ」なんだっけ?

対 処する

自分が手放せるタスクはどんどん手放して、余裕を作ろう!

正しく知る

いま悩んでいるあなたが知っておきたい FACT

働いていると子どもと過ごす時間も短いし、幼稚園に通わせるのも難しく、なかなか習い事も行けず。教育的にも遅れをとってしまわないかな。母親と過ごす時間が少ないことで、なにか悪い影響が起きたらどうしよう？ と不安になることも多いと思います。しかし、ハーバード・ビジネス・スクールの調査によると、働いているママの子どもも、働いていないママの子どもも、同じくらいに幸せを感じているとの研究結果があります。

ワーママはポジティブな影響を子どもに与えている！

この調査は、29カ国・10万人の男性と女性が参加し、10年間にわたって実施されたもの。成人した子どもに対して、働いているママの姿がポジティブに映っているという結果になっています。

- ワーママの娘は管理職になる、より給与が高くなる傾向がある
- ワーママの息子は、より平等な性別の見方をする傾向があり、家事に費やす時間が多く、また働くパートナーと結婚する傾向がある

ワーママの子どもも幸せ。働いていることに、罪悪感は覚えないで

この調査を行ったキャスリーン・マッギン教授は「ワーママは、母親は子どもと一緒に家にいるべきだと信じている傾向があり、自分が仕事で毎日子どもから離れなければいけないことに罪悪感を覚えています」と指摘。しかし、この調査によって、ママが家にいるのか／仕事をしているのかで子どもたちの「人生の満足度」「幸福度」は影響を受けず、全員が同じように幸せを感じているという結果に。つまり、子どもたちが苦しんでいないことが明らかになっています。子どもと過ごす時間が短くなってしまっても、働いていることに誇りをもち、仕事と子育てを両立する生活を送りましょう。

対 処する

こんなときはどうした？
先輩ワーママの体験談

CASE 1 「仕事しているママがかっこいい」に救われました

復職のために何度か転園するなど、子どもに大変な思いをさせたと、申し訳なく思うこともしばしば。でもある時、「ママは仕事していてかっこいい。ママみたいになりたい」と言ってくれて本当にうれしかったし、がんばっている姿を子どもなりに見守ってくれているんだな、とありがたく思いました。心苦しくなる気持ちもとてもわかります。けど、お母さんの懸命な後姿を見て、「かっこいい」と感じてくれているはずです！

CASE 2 平日は仕方ないから土日に思いっきり一緒にいる！

日々の小さな出来事や習慣も大事な思い出になりますが、自分が覚えているのは遠出したり、旅行したり、普段とは違う景色を見たこと。写真を見返しながら、何年経っても「楽しかった」となるし、特別な経験は本人の刺激にもなる。忙しい毎日では相手をする時間がまとまって取れない分、必ず年に数度特別な体験をプレゼントしています。

CASE 3 1日5分は必ず子どもと触れ合う時間を、と決めた

毎日5分、どんなに忙しくても寝る前のルーティーンとして子どもと向き合う時間を作っています。少しでも必ず続けられる方法で時間を作ること、また子どもに「毎日この時間は絶対にママとお話しができる時間」と認識してもらうことで、安心＆満足を感じるはず、と信じています！

対処する

＼ パートナーの巻き込み方！ ／

その1

罪悪感を覚えていることをパートナーに率直に伝えよう

ママが子どもとの時間を取れず罪悪感を覚えていることに、気がついていないパートナーがほとんど。子どもとのかかわりが大事なのは、パートナーも同じ。素直に思いを話して、子どもとの時間を確保できるように相談してみよう。

その2

パートナーが関わるメリットを正しく伝えよう

赤ちゃんのおむつ替え、話しかけ・抱っこなど父親が早期から育児に関わった子どもは、❶言語能力が優れている、❷自尊心が高い、❸学校の成績が良い、❹うつや不安症になりにくい、などの研究結果があるそう。学力だけでなく精神的な部分においても、パートナーの育児参加が大事なことがわかるはず。ママだけで背負いこまず、積極的に育児に関わってもらいましょう。

ま と め

時間がとれないことに罪悪感を背負い過ぎないで！

働いているママの子も、働いていないママの子も
どちらも同じくらい幸せを感じている

子どもはママが大好き！ 1日1回短時間でも話をじっくり聞く、ハグする、たまにスペシャルな時間を作るなど、無理のない「子どもとの関係作り」を意識しつつ、仕事も欲張って！

掃除、料理、洗濯、皿洗いに、子どものおもちゃ片付け……

1章 12 家事が溢れて手が回らない問題!!

お悩みポイント

- ☑ 理想はキレイな家を保ちたい！ けど全然キレイさを保てない
- ☑ 仕事でクタクタ、帰宅後はごはん、子どもと遊ぶ、風呂、歯を磨く、寝かせるのタスクが押し寄せる。やっと子どもが寝たときはママも夢の中……
- ☑ 結果、洗われていないお皿がシンクにあふれ、洗濯物は山積み。保育園の準備はできていないし、床は食べカスだらけで翌日を迎える……

お悩みを

因　数　分　解

脱 バイアス

働きながら、ワンオペで、家事も完璧にこなすなんて幻想

正 しく知る

ママが無理するだけでは明らかにオーバーワーク＆破綻するに決まっている

対 処する

家事をどう運用していくのかを、現実的に考えるべし！

正しく知る 対処する

いま悩んでいるあなたが知っておきたい 家事対策Tips!

終わらない家事問題、これは誰しもが当たる壁です。復帰前にシミュレーションやリストアップしてパートナーとも分担したのに、やってみると時間が足りない！となるもの。

そこで考えたいのは、数ある家事のそれぞれに対して「本当に私がやる必要があるか」「私じゃなきゃできないのか」「私はやりたいのか」ということです。

「YES!」についてはやる気を持ってやり、「NO」についてはやらないと決めてしまうなど、自分以外の人・機械にやってもらえるような道を探してみましょう。最初はやらないことに抵抗があるかもしれませんが、ただでさえ外で働き、家でも働き、子どもも育てるママは、いやなことを無理やりやる必要なんてないのです！

大事なのは「限られた時間を、自分が大事なもののために使えるようにすること」です。家族とゆっくり話す時間、子どもと遊ぶ時間、仕事をする時間、自分がリラックスする時間など、自分にとって大事な時間を義務感のみで行う家事で終わらせないで、徹底的に効率化していきましょう。

また、家事の中でも「お料理の時間はリフレッシュになるから大事にしたい」「掃除にはポリシーがある」なども大事な指標。「すべてを効率化に」ではなく、あくまでも「自分の中での優先順位」と「時間配分」を主眼に考えましょう。

そこで、実際の家事効率化Tipsをまとめたので、ぜひ見てみてください。まずは、時短アイテム（家電など）を紹介します。

掃除／洗濯／食事まわりの時短アイテム

〔掃除〕

お掃除ロボット　出社前にピッとボタンを押せばきれいになっている、ありがたい味方！

水拭きロボット　お掃除ロボットと併せて使っている人が多い水拭きロボット。「子どもの食べこぼしが気になって買った」「値は張ったけど、きれいになった」と満足度は高いようです

コードレス掃除機　子どもが食べ散らかした時にサッ出してとストレスなく吸うことができます。ハンディタイプでも十分対応できます

〔洗濯〕

乾燥機付き洗濯機 放っておくだけで乾燥までやってくれるので、本当に作業がラク!

アイロンがけをしない 形状記憶のものを買う&必要なものはすべてクリーニング

スチームアイロン 「仕事に着て行こうと思った服にシワが……」という時、アイロンより断然早いのがスチームアイロン。コードを入れて蒸気が出始めたら、衣類に当てるだけでスッとシワが伸びます

〔食事まわり〕

食器洗い乾燥機 ビルトインのキッチンもありますが、別置きでも買う価値あり!! 見た目がおしゃれじゃないのと、場所を取るのが悩みですが、作業時間は大違い

自動調理鍋 SHARP ヘルシオホットクックやティファール クックフォーミーなどが代表格。内蔵レシピから食べたい料理を選択し、材料を入れてボタンを押せば、あとはおまかせでおいしい料理が完成するという優れもの。朝セットすれば、夕ごはんを自動で作ってくれます

低温調理器 湯せんを低い温度で保ち、食材をじっくりと加熱できる家電。肉を入れておくだけでおいしいローストビーフやチャーシューができます。持っているご家庭はどこもベタ褒め。パートナーが料理にハマるなどのうれしい効果もあるとか

ミールキット

オイシックスやパルシステム、生協で売られているのがミールキット。カット済みの食材や調味料、ソースがセットになった商品でどれもおいしく、栄養にも配慮された完成度の高い食事を短時間で作れるためとても便利です。消費者が飽きないようにさまざまなレシピが開発されています。子どもとの取り分けOKのものも多く、小さい子どもと大人で別のものを作る手間も省けます

家事代行

家事をサポートしてくれる代行業者。料理の作り置き、部屋の掃除などがサービスの主流のようですが、買い物の代行や洗濯などを引き受けてくれるところも。派遣型の代行事業者は基本的にはマッチング型より割高になる傾向がありますが、研修などをきちんと受けていて、トラブルがあった時に会社が対応してくれる部分が安心です。ただし、お料理やお掃除などは相性がとても大事になるので、自分でスタッフを指名できないのが難点です。

マッチング型はトラブルがあった時に個人間で解決しなければいけない部分はデメリットですが、口コミを確認できるので、自分で依頼する相手をしっかり選びたい人にはオススメです。また、派遣事業者さんより安価、かつサービスの柔軟性が高いのもメリットです。会社の福利厚生に入っていることも多いので、福利厚生の内容をぜひ確認してみてください！ 初回お試しパックなどを利用してみるのもオススメです。

【家事代行の代表的な業者】 （2023年1月現在）

ベアーズ	掃除・料理・洗濯・買い物など サービスエリア 首都圏・関西圏・北海道・愛知・福岡
ダスキン	掃除・家事全般 サービスエリア 47都道府県に店舗あり
CaSy	掃除・料理（オプションで買い物など） サービスエリア 首都圏・関西圏・宮城・愛知

【個人間のマッチングプラットフォーム】

タスカジ	サービスエリア 首都圏・関西圏・秋田
キッズライン	サービスエリア 全国

対 処する

こんなときはどうした？
先輩ワーママの体験談

CASE 1 苦痛だった料理を家事代行へ。毎日のストレスが激減

掃除も洗濯も苦ではないし、子どもたちも大好き！ でも、料理だけは本当にストレスでした。家にある食材を考えながら毎日献立を考えて買い出しに行き、ヘトヘトで帰っても子どもたちの「お腹すいた」に休む間も無く台所に立つ。挙句の果てにイヤイヤが始まったわが子は食べない、お皿をひっくり返すなどを繰り返していたので、毎日「せっかく作ったのに」と悲しい気持ちになり、子どもにもイライラしてしまって、ごはん作りが苦痛になっていました。そんな時に料理の作り置きをしてくれる家事代行を知り、試しにお願いしてみることに。パートナーも子どもも好き嫌いが多く、申し訳ないと思いながら食の好みを伝えるも、さすがはプロ！ 限られた食材で次から次に料理を作ってくださる様子はまるで魔法。家族で見入ってしまいました（笑）。どれもおいしく、自分では思いつかないようなレシピで感動しました。
朝、炊飯器だけセットしていれば、あとは帰って来て、作り置きをチンして出すだけという楽さが最高でした。子どももよく食べましたし、万が一、子どもが食べなくても自分が作ったものではないからか、落ち込まなくて済むので、とにかくストレスがなくなりました。
それ以降、定期的に作り置きをお願いしています。継続してお願いすることで、こちらの好みもどんどん覚えてもらえるのもありがたいです！

CASE 2 家電芸人並みに便利家電を投入！

復職後しばらくは回っていた家事も、私が忙しくなってくると共にどんどん溜まって、部屋がぐちゃぐちゃに。パートナーも手伝ってくれるものの、いよいよ家事が回らなくなり、家事の中身とやり方を徹底的に見直しました。そこで我が家は便利家電を徹底リサーチ。洗濯機は洗濯物を干す時間がもったいないので、乾燥機付のドラム式へ。乾燥フィルターの自動掃除機能が付いているものにして、お手入れ頻度も減らしました。お掃除はロボット掃除機を導入。掃き掃除と拭き掃除が同時にできるものを買いました。ロボット掃除機がかけやすいように家具のレイアウトも調整して床置きの荷物も

減らしました。料理の手間に関しては電気圧力鍋を採用。具材を入れてボタンを押すだけでおいしい料理ができるので助かりました。当たり前にやっていた家事が意外と非効率になっていると改めて気がつきました。一緒に家電を選んだことで、パートナーも以前にも増して積極的に家事を行ってくれるようになりました。

CASE 3 平日はあきらめの境地。週末巻き返し型で気が楽に

我が家では平日の家事は完全にあきらめました。はじめは家をきれいに保ちたい、帰って来てからごはんも作りたいとがんばっていました。できないことはないのですが、とにかく疲れてぐったり＆イライラしてしまうように。これはよくないと感じ、家事は土日偏重型にスライド。

家事代行なども調べてみたのですが、自宅に入られることに少し抵抗があったので、我が家では洗濯、掃除、作り置きを土日にまとめてやるように。朝から洗濯機をフル稼働、昼間はパートナーと子どもが習い事に出かけているうちに、子どもがいないほうが捗る掃除機がけなどを行い、夕飯の準備と合わせて1週間分の作り置きをするようにしました。

土日のうち1日が潰れてしまうのは惜しい気持ちもありますが、ただでさえ忙しい平日にせわしなくこなすよりは気が楽なので、私にはこのスタイルが合っているな、と思います。

ワーク
TIME!

正しく知り、先輩ワーママのお話を読んで、
自分に合う考えだと思った部分やイメージが変わったことなど、
自由に書き残してください。

対 処する

＼ パートナーの巻き込み方！ ／

その1

タスクのスケジュール化・見える化

最初はこなせていた家事でも、だんだんとやらなくなってしまうのはタスクが見えていないという可能性も。「平日朝の準備物」「土曜の朝はこのリスト通りに掃除したい」など、見える化することでヌケモレなく、実行できる仕組みに

その2

調理家電・調理器具売り場に立ち寄ってみる

調理家電が入り口となり、料理に興味を持ち始める人も多いとか。「便利な家電を見に行こうよ」と売り場に誘えば、最新機器に目を輝かせているかも!?

その3

家に人が入る経験をしてみる

自宅に知らない人が入るサービスに抵抗感があるパートナーもいるはず。大掃除パックや初回割引などを使って、とにかく1度来てもらう経験をしてみる。体験すれば印象が変わる可能性大

ま と め

家が多少汚くてもしょうがない、完璧さを求めない

自分がやりたい／やるべき家事と、
それ以外に分ける

家電や家事代行など、頼れるものは全部頼るべし！

送迎、荷物準備、残業調整……飲み会だって行けない

1章 13 育児の担当がママばっかりで自分の時間がない問題

お悩みポイント

- ☑ 育児って、本当にたいへん。
名もなき育児の積み重ねで自分の時間が削られる

- ☑ 時短勤務で送りも迎えも行って、ワンオペで寝かしつけて、
保育園の荷物準備をして、気がつけばもうこんな時間。
ここから残務をやるのか……

- ☑ 飲み会や残業も当たり前に私が断ってるけど、パートナーは「明日、飲み会」
「今日残業で遅くなるね」のLINEで済んでるのは不公平じゃない？

- ☑ 「働くスーパーママの時間割」という記事に、
「朝4時起きで掃除洗濯お弁当作り」と書いて
あったんだけど、そんなの毎日できないよ

お悩みを

因　数　分　解

脱 バイアス

時間は有限。なにもかもママ1人でやるなんて
1日24時間じゃ絶対に足りない！

正 しく知る

みんながみんなスーパーママではないし、
自分だけプライベートを犠牲にするのは
不健全だし長続きしません

対 処する

ママ自身、納得できる仕事時間や
自分時間を持ちながら、家事や育児をチームで
運営する「しくみ」を作ることが肝心

正しく知る

いま悩んでいるあなたが知っておきたい

Tips!

自分時間を作るためにできること

A 外注

ベビーシッターの活用

ベビーシッターサービスの利用の仕方は以下の3つです。

【シッターサービス提供者の種類】

	入会金／年会費	1時間あたりの料金
ベビーシッター派遣会社	入会時および毎年一定金額を支払う必要がある場合がほとんど	会社によって差があるが、2,000～4,000円程度
シッターマッチングサイト	不要な場合が多い	定期利用とスポット利用の2パターンの料金設定。定期利用のほうが1時間当たりの料金が安い。オプション料金やシステム利用料が加算される
個人のシッター	不要な場合が多い	定期利用とスポット利用の2パターンの料金を設定していることが多い

自治体の一時預かり事業の活用

一時預かり事業とは、自治体が提供する保育サービスです。「保護者の出産・病気・冠婚葬祭、習い事、ショッピング、美容院などのほか、育児疲れで子どもからちょっと離れたいときなど、理由を問わず利用できる」のが特徴。

児童館や認可保育園などで実施されているケースが多く、保育料も1時間数百円と安価なものが多いのも特徴です。ただ、その分、予約が激戦になる地域もありますので、活用したい場合は早めに調べておくようにしましょう。

お住いの自治体のホームページに「一時預かり事業」「一時預かり保育」のページがある可能性が高いので、実施場所や申し込み方法について調べてみましょう。事前に登録が必要であったり、予約も電話でOKのところもあれば、直接窓口に用紙を提出しなければいけないところなど、ルールや使用方法はまちまちです。

※自治体や施設によっては、就労や通院などの利用理由を要件としていることもありますので、詳しくは自治体又は実施施設へ直接お問い合わせください。

習い事の活用

生後半年くらいから通える習い事は意外とあるので、ぜひ探してみましょう。年中までは親も一緒に参加する必要がある習い事がほとんどですが、年長になるとほとんどが「送り迎えだけでOK」になります。子どもが習い事中の1時間でもゆっくり自分の時間を取れるのはいい息抜きに。人気の習い事や土日のクラスは早くから枠が埋まりがちです。1人で通わせられる年長を待ってから入れようと思ったら、下からの持ちあがりで枠が空かないというケースもしばしば！ 行かせてみたい習い事があったら、未来の自分時間確保もかねて早めに始めてみるのもおススメです。

B パートナーとの分担

ママが時短を取りやすく、会社でも気を遣ってもらいやすい環境にいがちなことから、ママの復職直後は「ママが送りも迎えも行って、さらに寝かしつけまでワンオペ」という、完璧に無理のある分担でスタートしてしまうケースが実はとっても多い！

これから復職予定の人はぜひ事前に現実的な分担を話し合ってみて。家族内での分担だけでは難しい場合は上述の外注サービスの導入も視野に入れましょう。

C その他

パートナーが激務で分担が難しい、外注もなかなかお願いしにくいママは

- 時短勤務にシフト、もしくは時短勤務時間をさらに繰り上げて、時間を作る
- 転職して、在宅勤務や裁量労働が可能な仕事を選んで勤務の自由度を上げる

など、自身の働き方を見直した人も。

対 処する

こんなときはどうした？

先輩ワーママの体験談

Ⓐ 外注の事例

【ベビーシッター活用事例】

1 パートナーが出張、私が繁忙期、頼れる親族もいないので、ベビーシッターサービスを利用しました。子どもが打ち解けるかが心配だったので在宅勤務にし、私が家にいる状態でお願いしました。最初は不安でしたが、さすが相手もプロ。すぐに子どもと打ち解けて、私も仕事に集中できました。子どもも普段できないような凝った遊びが楽しかったようで、また利用してもいいかなと思っています。

2 働き始めてからは週に1回定期でお迎えから寝かしつけまでをシッターさんにお願いしていました。私もパートナーもじっくり仕事をしたり飲み会に行ったり、趣味の時間に使ったりしていました。お互いに予定がない時は2人でゆっくり外食をしながらコミュニケーションをとる時間にもでき、お互い心身共にとても余裕ができました。毎回同じ人がくるので子どもも懐いていましたし、安心してお任せできました。

3 在宅勤務が増えてきたので、30分送迎シッターさんを活用しはじめました。きょうだい違う園に通っているので、送り迎えが大変なのですが、週に1回、シッターさんにお迎えのみお願いすることで、バタバタする夕方に余裕が生まれました。短時間で利用料が手頃なので気軽にお願いできます。

【自治体の一時預かり活用事例】

1 育休中、認可保育園の一時預かりを活用しました。私がずっと1人で面倒を見てきたこともあり、子どもにとっても同じくらいの月齢のおともだちと、広いところでたくさんのおもちゃで遊ぶのも楽しかったみたい。保育園入園の慣らしにもなりました。

2 子どもが通う保育園では勤務証明がなければ土曜日は預かってもらえませんが、一時保育なら誰でも預かってもらえるので、時々、土曜日に予約を取り、普段できない家事をしたり、カフェで読書したりする時間に使っています。1人でゆっくりする時間があるだけで心に余裕が生まれるので定期的に活用していますよ！

【習い事活用事例】

1 土曜日にダンス教室に通わせています。送迎は必要ですが、クラス中は自由時間になるので、近くのカフェでゆっくりおひとり様時間を満喫しています。

2 英語教室に通い始めましたが､決め手は送迎があること！ 夕方保育園にお迎えに来て、教室で英語のクラスを終えた後に、家の近くまで連れて来てくれます。子どもは延長保育がてら英語を習えますし、私にとってもお迎えが要らない分、ゆっくり仕事したり、夕食の準備をしたりする時間ができ、助かっています。

Ⓑ パートナーとの分担事例

【分担を見直してストレス軽減】

1 復職から1カ月。保育園への送り迎えも私、おまけに連日ワンオペで心身ともに限界に。「明日は飲み会だから遅くなるね」と悪びれもせず言うパートナーに、とうとう心の糸がプツンと切れた私は「私も飲み会に行きたい!」と素直に言ってみました。私が復職してもパートナーの生活は変わらないので、パートナーの意識も切り替わっていなかったようです。それ以降、パートナーが夜や週末に、飲み会などで家を空けるときは同じ回数、私もひとりで外出したり、仕事をしたりする時間をもらいました。

2 時短をとって復職したので、保育園への迎えは毎日私でした。送りはパートナーがほとんど行ってくれていたので「半分にした」と思っていましたが、始業時間前に送って行くよりも、お迎えに遅れないように仕事を調整して切り上げて会社をでることのプレッシャーの方がはるかに重くてつらい、ということに気づき始めました。連日、上司や同僚に「すみません」と謝りながらバタバタと会社を出て、ギリギリに保育園に滑り込み、先生や子どもに「遅くなってごめんね」と言い、飲み会や残業があると毎回パートナーに「ごめんね」と謝ってお迎えに行ってもらう生活を1カ月ほどしていたら、「なんで私ばっかりこんなに謝らなければならないのだろう……」とノイローゼ気味に。パートナーと相談して、送りとお迎えで分けるのではなく、送りもお迎えも2人で分担する形に変えました。自分がお迎えの担当ではない日にじっくり仕事をしたり、飲み会に行ったりができるようになり、「ごめんなさい」を言う機会が激減して、メンタルも落ち着きました。

【スケジュール共有でストレス軽減】

1 パートナーとママがいつ「絶対に動かせない予定」が入っているのかを事前に共有しておくと、お迎えの調整に加え、突然の残業や子どものお熱対応などの時にやりとりが減り、便利なのはもちろん、「え、なんで突然飲み会とか言うの?」「今日はお迎えをお願いするって言ってたじゃん！」とスケジュールの認識違いによるストレスも減ります。我が家では「Time Tree」という共有スケジューラーを使っています。

2 私がシフト制の仕事をしているので、毎週土曜日の夜にパートナーと一緒に1週間後のお迎え当番決めや予定の共有時間を紙のカレンダーに書き込んでいます。定期的に仕事の状況などをゆっくり話す機会にもなり、いい習慣だなと思ってます。

Ⓒ その他

【働き方を見直し】

我が家は私が激務かつ重い役職についていたこともあり、パートナーが働き方を見直し、在宅勤務OK、働く時間の自由度も高い会社へ転職し、家事育児をメインで担ってくれました！

【子連れOK！ できる範囲でストレス軽減】

子連れでもOKな気分転換法を探すのもオススメ。ママ友とおうちでデリバリーランチをすれば、子どもを見ながらゆっくり話せるのでストレス発散になります。寝かしつけ後の少し遅めの時間でも、ママ友となら気兼ねなく、時間を気にせず話せるオンライン飲み会が気分転換にはとてもよかったです！ ゆっくり、悩みを共有できる大人と話す時間があるだけで気持ちが軽くなるのでぜひ大事にしたい！

ワーク
TIME!

正しく知り、先輩ワーママのお話を読んで、
自分に合う考えだと思った部分やイメージが変わったことなど、
自由に書き残してください。

対処する

パートナーの巻き込み方！

その1

いざというときのために日ごろから分担を

ママが復職後は、保育園から発熱によるお迎え要請がきたり、ケガで通院が必要になったりと、突然のハプニングの連続。ママがなんとかしてくれると思わず、いつでも子どもの面倒を1人で見られるように、パートナーにもママの復職前からできるだけ日常的に家事育児にかかわってもらいましょう。

その2

育児サポーター選びは共同作業で納得＆安心

シッターさんを検討する場合は、パートナーと一緒にどんなサービスがあるかを調べたり、シッターさんを一緒に選んでもらったり、事前面談に同席してもらったりと共に悩んでもらって。子どもを預ける人を選ぶのは、とても悩むし、責任も伴う作業なので、ママ1人ではとても重荷になるはず。パートナーと一緒に納得して選べば、自分では気がつかなかった視点で見てもらうことができ、安心感にもつながります！

その3

スケジュールの事前共有で“チームプレー”を大事に

残業、飲み会、ゴルフなどはママが復職前と同じように「勝手に」「突然」決めてもなんとかなるものではなくなったことを改めて伝えましょう。自分の予定の間、必ず誰かが子どものために時間を割いていることを理解してもらい、保育時間外に誰がどう見るのかを相談・調整する癖をつけてもらうことがママのストレス軽減にとても大事です！

まとめ

ママだって自分の時間を持っていい！ 当たり前!!

ママが家事育児を手放す＝悪じゃない！
家事育児はチームで行うもの

無理をしても長続きしない。
使えるものはなんでも使って、持続可能性のある
生活を仕組み化することが大事

仕事と育児でへとへとなのに、どっちも中途半端!?

1章 14 ワーママ半人前問題!!

お悩みポイント

- ☑ 仕事は終わっていないけれど、もうお迎えの時間。
ようやくやりたい仕事につけたのに、今度はお熱。
社会人としてパフォーマンスを出せていないという焦りや
みんなと同じように長時間働けない疎外感を覚えることも

- ☑ 泣きながら待ってる子どもを保育園までお迎えに行き、バタバタと帰宅。
家で急ぎの仕事をしていた時に、子どもが大泣きしても相手ができず。
みんなこんな冷たいママじゃないんだろうな……と
ママとしての足りなさにも凹んだり

- ☑ 仕事は中途半端、子育ても中途半端、
家事は壊滅的。私ってなんなんだろう。
もう仕事辞めちゃおうかな……なんて思う瞬間も

お悩みを 因数分解

脱 バイアス

そもそも全て完璧にやることが本当に必要?

正 しく知る

日本の労働環境は過渡期。
ワーママは新しい働き方を切り拓く、
サキガケ的存在!

対 処する

自分の理想像=「世間が求める正解」
「すべてが完璧なスーパーウーマン」に
なっていないか、見つめ直そう

正 しく知る

いま悩んでいるあなたが知っておきたい FACT

男女の働き方はどんどん変わっている

一昔前までは、男性が大黒柱として働き、女性が家庭に入るのが一般的なスタイルでした。しかし、その状況は一転し、夫婦の両方が働きに出ている比率は激増。

一方、世間は「良き社員＝長時間いつでも働ける」「良き母＆良き妻＝いつもニコニコ家事育児を1人で完璧にこなす」という一昔前の理想像、正に“無意識のバイアス”をいまだに持ち続けています。それぞれ1人が一役ずつ担っていた役割をママが両方持ち合わせるなんてことは、社会状況が変わった今では不可能・ナンセンスです。

日本における労働時間は世界でも高い基準。それでも減少傾向！

【長時間労働者の割合に関する欧米諸国との比較】（単位：%）

「労働経済の分析」

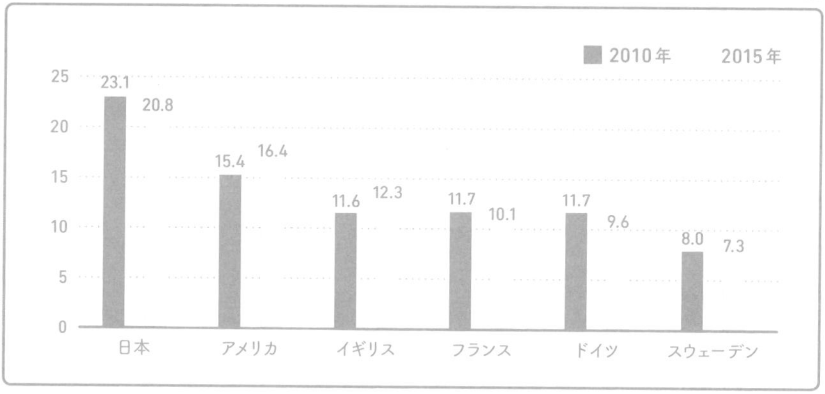

そもそも、日本における長時間労働率（週49時間以上）は、欧米諸国と比較して圧倒的に高いです。しかし、働き方改革により、その割合自体は減少傾向にあります。長時間働くことが美徳だった時代は終わりを告げ、より効率的に働ける人が評価される時代になってきているのです。

お迎えのために帰る時間が決まっていて、長く働けないことが大前提のワーママは業務時間中の集中力がピカイチ。高い生産性で働いている層の代表格で、誇るべきワークスタイルになってきています。

低い労働生産性

そして、日本の労働環境のもう1つの大きな問題が、著しく低い1人当たりのGDP（国内総生産）です。労働時間を減らして、いかに効率的に働き、生産性を上げていけるかが日本全体で取り組むべき重要なポイントになってきます。

また、日本はこれから労働力が減っていく一方。長時間制約なく働ける社員もどんどん減り、ワーママ以外にも、介護をしている人、持病がある人にも活躍してもらう環境を作らなければ企業は成り立たなくなります。

画一的な働き方の枠でしか仕事を提供できない企業は立ち行かなくなるのです。来たるべき労働力不足に向けて、柔軟性の高い働き方、長時間労働に依存しない仕事の効率化、いつでもバックアップ体制が取れる透明性のある仕組み、お互いが支え合えるメンタリティを醸成していくにあたり、1番先頭を切っているのがまごう事なきワーママ、みなさんなのです。「働き方改革を牽引しているんだ」と胸を張っていいくらい、みんながんばっているんです！

対 処する

こんなときはどうした？
先輩ワーママの体験談

CASE 1 仕事に助けられることも、子どもに助けられることもある

仕事でうまくいかないときは、子どもの「ママ〜♡」と甘える姿や、笑顔を見ているだけで仕事の失敗を引きずらなくて済んでいます。逆に子どもに怒りすぎてしまったな、家事育児ができてないな、と思う時に仕事で認められて自信を取り戻すことも。自分の居場所が1つじゃないからこそ気持ちや立場を切り替え、限られた時間の中であきらめずにやれています。

CASE 2 「ワーママの存在そのものが貴重」

会社の上司に言われた言葉です。「これから結婚や出産を控えている後輩たちに、自然な後ろ姿を見せてもらうこと自体に意味がある」と言われました。また、働き方改革に際し、実際に日々苦労をしているワーママたちを筆頭として、さまざまな事情を抱えながら働いている人たちの率直な意見や経験を吸い上げていきたいとも言われました。日々、思い悩むことも多いけど、私たちが踏みとどまっていることは有意義なこと。お互いがんばりましょうね。

対 処する

パートナーの巻き込み方！

定期的に仕事とキャリアのすり合わせをすることが重要！

「いつ頃には海外に行きたい」「出世はしたい」「いつ頃に転職したい」など、キャリアを持つ大人同士の会話をすることがおすすめ。

ま と め

育児との「両立」には大変なこともつらいことも
たくさんあると思います。
でも、ママ自身まで古い理想像に囚われ、
悲しい思いや嫌な思いを自分に課すのは
どうかやめてほしい。
「半人前」なのではないのです、
2人分をやろうとしているだけなんです。
ワークライフバランスは存在しないと思っています。
仕事と育児というどちらも
とんでもなく大変で壮大な命題を抱えて、
バランスが取れてる状態なんてないのです。
あるのはワークライフデザイン。
自分の限られた時間を仕事と育児、
自己研鑽などにどう配分していくのか、
自分で決めて選び取っていく。
大昔に知らない誰かが決めた
「あるべき姿＝バイアス」から自由になって、
「自分起点」のワーママライフを送ってほしいというのが
私たちの思いです。

MEMO

バイアスフリーな
私の
未来予想図

ワークライフデザイン

ワークライフデザインとは?

第1章を読み、産後・復職後の生活のイメージは湧いたでしょうか? 無意識に囚われていたバイアスから抜け出す思考のクセも身についたでしょうか? ワークシートへの書き込みにより、ご自身の中での仕事・子育て・プライベートに求める心地よいバランスへのヒントが見えてきたかもしれません。

この章では、みなさんと具体的な「人生設計」を考えていきたいと思います。「ワークライフバランス」という言葉をよく耳にすると思いますが、私たちはワークとライフは「デザイン」する＝自分たちで設計し、時によりその形を変えながらベストミックスを選択していくもの、と考えています。そこで、みなさんが自身の人生をデザインしていくためのツールとして「ワークライフデザインシート」を用意しました。ぜひ、この章を通して、ワーママとして生きていく未来の自分の「ワークライフデザイン」について考えてみてください。

子育てのフェーズごとに変わる働き方

キャリアはキャリア、家庭は家庭、子育ては子育て、と言いたいところですが、「私」は1人しかいないので、どうしても「働く私」「ママの私」「妻・それ以外の私」に分けなければなりません。

その分け方や定義の仕方は無限にあると思いますが、今回のワークライフデザインシートでは「子どもの成長フェーズ」に着目して考えられるように設計しました。

子育てのフェーズそれぞれに特徴があり、その各フェーズに「私」がどう向き合い、その時々の100%の自分を振り分けていくのかを想像してみましょう。

ここで大事なのは、「ワークライフデザインシートは共有するもの、そして変わっていくもの」という認識。パートナーや上司・同僚とキャリアデザインを共有して協力やアドバイスを仰いだり、子どもとの関わり方をパートナーとすり合わせたり。自分1人で抱え込むのではなく周囲の人と共有し、子どもの成長とともに変わりゆく現実や自分の希望に対し、柔軟に向き合いましょう!

デザインシートの書き方

自分の年齢	歳	歳	歳	歳	歳	歳	
子どもの年齢	産前	0～1歳	幼・保	小学校	中学校	高・大	
子どもとの関わり合い方							①
キャリアの希望							②
比率							③

① 子どもの成長フェーズに応じて、子どもとどう関わっていきたいか、親としてどんなサポートをしていきたいかなど、子どもとの理想の関わり方を書き出していきましょう

② 子どもの成長フェーズごとにキャリアについても書いていきますが、それに囚われ過ぎずに自分の年齢や勤続年数なども考慮しながら、自分の望むキャリアイメージ、仕事との距離感、注力度などを書き出しましょう

③ ①子どもと②仕事、どちらも100%でできたらいいですが、あなたは1人だけ。①子どもと②仕事の注力比率を円グラフに落とし込んでみましょう。子どもと仕事以外にも趣味や勉強などの注力事項があるときは、円グラフに反映しましょう。100%しかないあなたの時間における比率・優先度と向き合う作業をしてみてください

定期的に更新してみましょう。自分が思い描くデザインは時を経て変わっていくものです。今のデザインにこだわり過ぎずに、変わっていく自分も楽しみましょう!

パートナーと一緒に作り、家族のワークライフデザインについて話すきっかけにしてみましょう。転職・転勤・留学など、お互いに起き得るイベントを（その通りにならないとしても）共有し、家族としての子育てプランやキャリアプランについて話すことも大切です。

〈子どもの成長フェーズと留意点〉

キャリアデザインシートを作るにあたり、知っておきたい子どもの各成長フェーズにおける留意点をまとめました。

幼稚園・保育園（0～6歳）

保育園や幼稚園に入園

0～2歳はお熱などの体調面のトラブルが多い

3歳以降は、お友達との関わりによる情緒面の成長も見られると同時に、ケンカやおもちゃの取り合いなどお友達とのトラブルも

小学校受験の場合は3～4歳ごろから塾に通う家庭も

小学校（7～12歳）

小1の壁（午前中や午後イチで下校してくる、長期休暇が始まる、学童の入所競争が熾烈な地域も）対策

授業を黙って聞く、先生の指導力が強いなど、保育園との環境の違いに疲れる子どもが多く、そのケアが重要に

宿題の丸付けなど学業面のサポートが出てくる

お友達との関わりがより複雑になり、子どもとの距離感と心身のケアのバランスが大事に

中学校受験の場合、小4くらいから塾通いが始まる。送り迎え、お弁当、長期休暇対応などが必要になる。また学校選び・学校見学なども一緒に行う必要あり

中学校（13～15歳）

子どもが1人で過ごすこと自体には不安がなくなり、シッターなどの外部サポートはほぼ不要に

本格的な部活動が始まる。土日の練習や合宿などに親のサポートが求められることも

交友関係が見えにくくなる。マイナートラブルからいじめまで、思春期の子どもとのやりとりが大事になってくる

高校受験の場合、早い子で中1から塾通いが始まる

高校（16～18歳）

基本的には本人に任せてOKになる時期

つかず離れず、必要な時に相談に乗れる距離感が大事になる

給食がなくなる場合がある

反抗期

大学受験の場合、早い子で高1から塾通いが始まる

18歳で成人を迎える、大人の仲間入り

専門学校・大学・就職（19～22歳）

「親元を離れる」など住まいが分かれると、物理的に手がかからなくなる

〔先輩ワーママ「のま」のワークライフデザインシート〕

著者の1人・のまのデザインシートの簡易版です。書き方の参考にしてみてください！

子ども就学状況	自宅保育	保育園・幼稚園
子ども年齢	0〜1歳	1〜6歳
子ども イベント・ 傾向		保育園や幼稚園に入る 1〜2歳はお熱などの体調面のトラブルが多い 3歳以降はお友達との関わりによる情緒面の成長も見られると同時に、お友達とのトラブルも 小学校受験の場合は3〜4歳ごろから塾に通う子も
ママ年齢	32〜33歳	33〜38歳
子どもとの 関わり合い方	子どもってこんなにかわいいのか！と自分の子以外のすべてのベビーもかわいく見える感覚。休みの間にどんなことをしてあげられるか、今後なにをしてあげられるのか、幼児教育関係について調べまくった！成長が早いこの時期をべったり過ごせるのは貴重。でも1歳くらいで流石に家にいることに飽きてくる。	思ったよりお熱の呼び出しが多くなかった我が子。保育園にもすぐに慣れ、出だしは順調。保育園帰りに公園やレストランに寄ったり、土日にお出かけしたりしてコミュニケーションをとっており、子どもの心身に特に不調は出なかった。
キャリアの ありたい姿	仕事人生で初めて1年ものブランクが空き、復職後に仕事ができるのか不安に。育休中の人向けの活動団体などを調べるものの特段受講せず。復職セミナーを受けたりと右往左往した。時短勤務する予定だったが、フルではとらず、可能な限り調整しながら、少しずつ確実にアクセルを踏み込みたいとイメージしていた。	復職2カ月くらいでどんどん役割が増えて想像以上の忙しさに。帰宅後のMTGや作業は常態化してました。この頃、時短という理由からお迎えの担当が私だったことに無理が生じ始め夫と大げんか。お迎えが当番制に変更、残業ができるようになりメンタルも落ち着きました。マミートラックという言葉に怯え過ぎてなんでもできるというスタンスでいたら、想像以上になんでもやらされたという状況に。できるできないをはっきり事前に伝える重要性を実感。
人生 バランス配分 シート		

のまのデザインシート本紙はこちらから

小学校	中学校
7〜12歳	13〜15歳
小1の壁（保育園より預かり時間が短い、長期休暇が始まる）対策 宿題の対応のほか、学業面のサポートが出てくる お友達との関わりもより高度かつ複雑になり、子どもとの距離感と心身のケアのバランスが大事に 中学校受験の場合、小4くらいから塾通いが始まる。送り迎え、お弁当、長期休暇対応などが必要になるほか、学校選び・学校見学なども一緒に行う必要あり	1人で過ごすこと自体には問題がなくなり、シッターなどの外部サポートはほぼ不要に 本格的な部活動が始まる。土日の練習や合宿などに親のサポートが必要になることも 交友関係が見えにくくなる。マイナートラブルからいじめまで、思春期の子どもとのやりとりが大事になってくる時期 高校受験の場合、早い子で中1から塾通いが始まる
39〜44歳	45〜47歳
低学年の間は学童を活用しながらいろんな習い事をさせてあげれるといいなと思っている。関わるお友達や、関わる大人がたくさんいる状況を作り、親以外の相談相手を作ってあげたい。高学年になると受験になると思われるので（これも本人次第）必要なサポートができるように、一定時間の調整がきく状況が作れているといいなと思う。あとは食事中・食後など、長時間でなくても定期的に話す時間を心かけたい。旅行などでいろんな経験や場所に触れる機会を作りたい。	より子どもが独立する時期と認識。小学校高学年期と同様、食事中・食後など長時間でなくても定期的に話す時間を心がけたい＆旅行などでいろんな経験や場所に触れる機会を作りたい。
低学年くらいまでに一旦アクセルを踏み切って、ポジション作りを終えていたい。出産前にファイナンスの担当としてポジションを確立したことで、発言と行動に自由度が増したので、これをもう一度形成しておきたい。ファイナンスのミドルオフィス、バックオフィスとしての知見・知識の深化に加えて、マネジメントとして「決める力」を磨き「人を動かす力」の素地固めの時期にしたい。	マネジメントとして独り立ちすることを目指す。子どもが大きくなってステータスが変わらないと、これまでのような「子どもが小さい」を理由にした早帰りなども難しくなりそうなので、仕事の内容を「手を動かすところ」から、「判断をする」に移行したい。
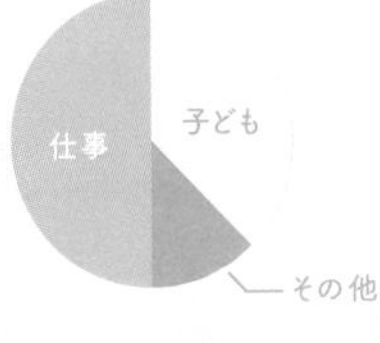	

〔先輩ワーママのワークライフデザインシート〕

CASE 01　モコさん（仮名）／50歳／専業主婦→IT系企業（事務職）／子ども2人（大学生・社会人）

子ども就学状況	自宅保育	保育園・幼稚園
子どもとの関わり合い方	夫と子どもを支えていこうと決心。特に子どもを「私が命を守る存在」と位置づけ、呼吸の有無や発達度合いなどすべてを心配している日々。大人との会話はほとんどなく、うまくいかないがあれば自分を責めていた。	幼稚園に入り、子どもの友達、ママ友も増えたことで精神的には安定。一方、小学校受験のために年中から通塾し、送迎や受験対策に追われる日々だった。
キャリアのありたい姿	社会人3年目の出産のタイミングで会社を退職。専業主婦に。	復職したママ友の話にも焦ってしまい、「私は何者なのか」と自信を失っていた。
人生バランス配分シート	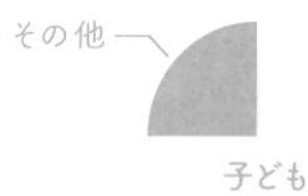	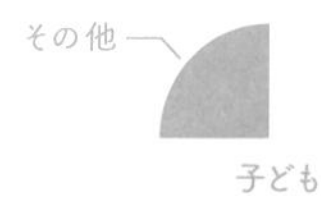

CASE 02　アサさん（仮名）／47歳／飲料メーカー研究職／子ども2人（大学生・中学2年生）

子ども就学状況	自宅保育	保育園・幼稚園
子どもとの関わり合い方	生後3カ月の母子分離のイベント（託児アリ）で子が大泣き。イベント開始前に託児スペースから呼び出され、帰宅するハメに。この件で、慎重で神経質な子どもだということが判明。	毎日登園で大泣き。忘れ物1つでも家に取りに戻らないと収まらないくらい、こだわりが強い子どもに全力で向き合う日々。第2子妊娠時に、保育士に「これだけ向き合ったからこの子はもう大丈夫」と言ってもらったことが思い出深い。
キャリアのありたい姿	社会人3年目で妊娠・出産。育休中に事業所の移転があり、所属部署の全員が関西から東京へ異動することになった。復帰の難しさを感じて転職も考えたが、会社への恩返し期間と考え、関西の別部署での復帰を選択。	復職は産休前とは異なる部署で慣れない日々。復帰後の子どもの感染症ラッシュでなかなかペースがつかめず、チャレンジできないことも多数。同期に追いつきたいのに……と焦りばかり募っていた。
人生バランス配分シート	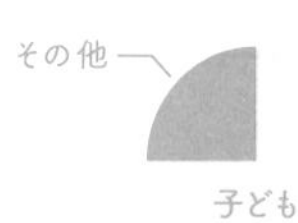	

<table>
<tr><th>小学校</th><th>中高大</th></tr>
<tr><td>「自分が体験してよかったこと」を子どもにも体験させたく、習い事漬けの日々を送らせていた。小学校受験に続き、中学校受験も視野に入れ、親の方が必死に。</td><td>子どもが自分のペースで生活するので、個としての関係性を築いた。学校での人間関係トラブルも発生したが、いかに「子どもを信じてあげられるか」が親として重要な姿勢だった。私は自由になった時間で、趣味としてランニングに本格的に打ち込み、マラソン大会に出場。</td></tr>
<tr><td>少しずつ自分の時間を持てるようになり、趣味の時間を増やす。一方、下の子のケアも含めて、仕事への復帰などは考えられなかった。</td><td>子どもの手が離れたことをきっかけに、15年ぶりに社会に復帰。子育てに専念してきた自分の価値を改めて見つめて自己嫌悪に陥るが、知人の会社で正社員として働き始める。社会において、自分はなにを還元していけるのかという視点で、若者同士の交流会などを企画している。</td></tr>
<tr><td>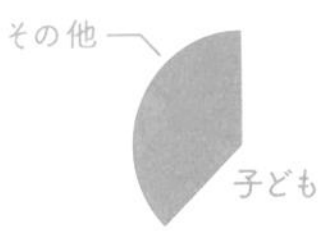
</td><td>
</td></tr>
</table>

<table>
<tr><th>小学校</th><th>中高大</th></tr>
<tr><td>上の子が小学生になる年に第2子を出産。上の子も成長し、高学年になると保育園のお迎えやお手伝いなどをしてくれた。</td><td>幼い頃は本当に手がかかる子どもだったが、中学生になった頃からは精神的にも自立し、「自分のことは自分で決める」ように。高校受験・大学受験ともに塾も志望校も自分で決め、勉強をしていた。また、下の子は仕事で私が行き詰まっているとハグをしてくれたり、子どもたちに支えられていると感じている。</td></tr>
<tr><td>もともと希望していた商品開発の仕事に異動し、チャレンジを始めた。子どもが保育園・小学生だったため、比重は育児に置いていたが、夫が平日休みのため、泊まりの出張なども実施し始めた。</td><td>海外事業部に異動。がんばり時だと自覚し、退勤後に社会人大学院に行くなど仕事以外のインプットも増やしてアクセルを踏んだ。しかし事業としての成績がついてこなかったこともあり、半年ごとに上司が変わり、自分も疲弊。今後は親の介護なども出てくるかもしれないので、自分の快適なバランスを選べるような環境を作りたい。</td></tr>
<tr><td>
</td><td>
</td></tr>
</table>

CASE 03　ナツミさん（仮名）／50歳／自営業／子ども2人（大学生・高校生）

子ども就学状況	自宅保育	保育園・幼稚園
子どもとの関わり合い方	朝から晩まで子どもにつきっきりで、余裕のない日々。その日を生き延びることで精いっぱいで、正直記憶がない……。	幼稚園に通うようになり、子どもの好奇心が大いに広がった時期。極力子どもの興味に合わせた働きかけを心がけた。小学校受験をしたので、お受験対策の実験など一緒にいろんなことにチャレンジ！
キャリアのありたい姿	自営業のため育休は最低限で取得し、周囲のサポートも得ながら早期で仕事復帰。時間を決めて仕事をするスタイルは難しく、合間に少しずつ仕事を片付けるような状況だった。	子どもが幼稚園に通い始めて、ようやく自分の時間が持てるように。仕事に本格的に復帰したが、同時に夫が単身赴任となり、早朝、深夜に仕事を片付ける日も多かった。
人生バランス配分シート		

〔著者たちのワークライフデザインは？〕

P118で著者の1人・のまのワークライフデザインシートの一部を公開しましたが、ほかの著者たちは、将来をどう考えている？　QRコードから著者たちのワークライフデザインシートをチェックしてみましょう。

あこ

現状は仕事と私生活が混在しがち。子どもが小学校のうちに、「短時間で集中して働く」というスタイルと、専門分野を含めた社会での立ち位置を確立するのが目標。

あい

子どもがお友達や学校について悩んだら、いつでも仕事を辞めるという覚悟はアリ。だからこそ、いまできる仕事に没頭したい。将来は週5勤務ではなく柔軟な働き方をしたい。

小学校	中高大
小学生になれば親としての関与が減っていくかと思いきや、宿題や持ち物の確認などはもちろん、人間関係での悩み、中学受験のサポート、習い事の送迎などが生じ、子どもに割く時間はまったく減らなかった。	子ども同士のトラブルや人間関係の悩みが非常に多くなる年頃。自ら話すことがなくても、日頃の様子から小さな変化を見落とさずに気に掛けることが重要だった。（できていないことも多かったが）どんなに忙しくても、いつでも子どものことを思っているとしっかり伝え続けた。
仕事が波に乗ってきて多忙になってきたが、子どもと触れ合える時間には限りがあるのでそちらを優先。早朝や子どもが寝た後に仕事をこなす頻度が上昇。学校行事や習い事の発表会に参加できないことも多く、子どもが悲しむ姿に罪悪感を覚えたことも少なくなかった……。	仕事と育児をしながら博士号取得。さらには実親の介護も担うことになり、目まぐるしい日々を過ごす。一方で、女性として外で働くことの意味を、実際の姿で見せることができたかなと思う。

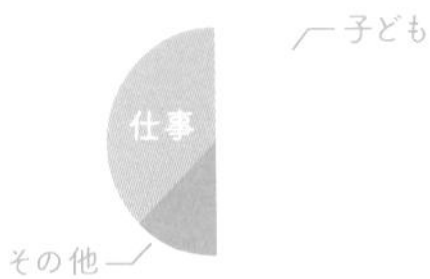

さゆ

仕事を応援してくれる家族に感謝。第1子の中学受験、第2子の小学校入学が控えているので少し余裕を持ち、将来挑戦したい分野の種を今のうちから見つけておきたい。

まみ

「小1の壁」を乗り切れるのか不安。とはいえ、仕事を辞める選択肢はないので、両立する手段を探すのが当面の目標。将来的には、仕事以外のライフワークも持ちたい。

MEMO

＼ついに復職！／

目指す働き方を実現するための準備マニュアル

この章では実際の復職に向けて、先輩ママたちの「やってよかった!」「やるべきだった!」を凝縮した、完全復職準備マニュアルをお届けします。

第1章では子育ての悩みに“ちょうどいい”対処を見つける「因数分解の考え方」を提示、第2章では自分を主語にしたワークライフデザインについて考えました。

この3章では、自分が描いたワークライフデザインを実現するために必要な準備、Tips、まわりの人とのコミュニケーションのヒントなど、実際に先輩ワーママたちが「あのときに知りたかった!」と感じる知恵をまとめました。

復職のタイミングを想定して作っていますが、現役ワーママさんもプレワーママさんにも役立つはず。ぜひ参考にしてみてください。

3章 01 復職準備(生活編)

復職前に準備しておきたい生活の基盤作りについてのチェックリスト。やるべきことは山ほどあるので、その中でも特に注意してほしいもの、先輩ママたちの経験が生かされているものを中心にお伝えします!

		タスク	チェックポイント
子ども関連	入園準備	大量の保育園用洋服の買い込み&名前書き	着替えセットは予想以上の量が必要
		保育園の持ち物準備&名前書き	園によってルールが異なる 名前スタンプがあると便利
		保育園の年間予定表を確認	行事や繁忙期の休みを調整
		送迎の準備	自転車置き場の契約など
		予防接種のスケジュール管理	入園前チェック &入園後の定期チェックあり
		哺乳瓶の練習	完全母乳だった親子は必須
		食物アレルギーのチェック	園によって異なるが、 試すべき食材が想像以上に多い

		タスク	チェックポイント
子ども関連	病児対策	病児保育登録	事前登録が必要
		病児保育シッター会社探し	面談必要
		病院探し	オンライン予約や時間指定予約、土日・深夜対応の病院・往診も
		薬局探し	オンライン受付で待たずに処方してくれる薬局をリサーチ

生活面	パートナー	家事の振り分け	分担方法以外にも、目指すべき家事のクオリティのすり合わせなど
		スケジュール共有方法の確立	カレンダー共有アプリなどを使って運用方法を確立
	家事をラクに	通販体制の確保	ネットスーパー、宅配、Amazon定期便の契約
		家事・育児サポート	ファミサポ・シッター・家事代行などの登録
	緊急時の備え	非常時に子どもを託せる人を確保	あらかじめお願いしておく

自分のこと	卒乳のタイミング	卒乳するか、する場合のスケジュール調整
	オフィス服の購入	サイズ確認とお迎え用に動きやすい服・靴の確保

① 入園準備

お洋服＆おむつ

みんながもれなく必要になるのはお洋服。年齢が低いほど着替えの回数も多いので、園でのストック2〜3セット＋毎日持って行く1〜2セット＋毎日着ていくお洋服で、毎日洗濯したとしても5〜6セットは必要。洗濯のローテーションを考えると、最低でも10セット近くほしいところ。

遊ぶ際の危険性やお着替えの手間から、ほとんどの園で「フード付きNG」「スカートNG」「半ズボンNG」などのルールがあります。手持ちの洋服では使えないものもあるはず。また、お散歩や創作の時間を考え、汚れてもOKなものがおススメです。

すべての持ちものに名前を書く必要があるので、布OKのお名前スタンプ（ひらがなで、異なるサイズがセットになっているものが使い勝手○）も準備しておくと、今後も活用できます。紙オムツ一枚一枚に記名を求める園もあるので、そのような園の場合はオムツスタンプの準備も！

靴はマジックテープタイプを準備しましょう。スリッポンタイプはお散歩中に脱げやすく、保育園から靴の変更をお願いされることも……。ソールが柔らかく歩きやすいものが転びづらいです。

その他の持ち物

園から準備を頼まれるものに多いのが、リュック、シーツ、お昼寝用タオルケット、散歩用帽子、お手ふきタオル、コップ。その中でも、

> なにからなにまでサイズ指定があり、手作りすることを求められる園
>
> 市販品OK or 園が準備してくれるものに名前を「縫い付ける」必要がある園
>
> 名前を書いておけばOK。特段指定もない園

と必要な手間が園によってまちまち。特に手作り必須な園の場合は自分で作るか、外注するかに分かれます。裁縫用品店で受けてくれたり、フリマサイトでお願いしたりなどもできますが、入園前は混みやすいので、保育園が決まったらすぐに持ち物について確認しましょう！

ミルク＆園ごはん＆アレルギーチェック

0～1歳入園で、完全母乳だった子は、哺乳瓶でミルクが飲めるように練習しましょう。哺乳瓶がダメでも園で対応してくれますが、ミルクが飲めるようになるまで大変なのは間違いないので、少しずつ慣らしておくのがオススメ。

また、離乳食は段階によって食事内容やおやつの回数が変わるので、保育園に確認・相談し、入園まで離乳食を進めておくとスムーズです。

アレルギーチェック表は、どの年齢で入園の場合でも必須。入園までにチェック表に記載の食材を食べ、アレルギーがないことを確認するもの。アレルギー食材がある場合は、除去してもらうための大事なリスト。とにかく食材の種類がびっくりするほど多い!! 保育園からアレルギーチェック表をもらったら、すぐにチェックを始めましょう。1日に試せる新食材は1つだけなので、入園までにギリギリになります！ もちろん、月齢によってはあげてはいけない食材があるので、子どもの成長に合わせて無理のない範囲で。チェックできていないものは、その1つ前の段階の離乳食（中期の食材が終わっていなければ、初期の食事など）が提供されます。

② 病児対策

第1章「お熱問題」（P77）でも取り上げたとおり、0～2歳は体調不良による呼び出しが多いです。保育園生活自体は慣れればなんとかなるものの、体調不良の呼び出しが出た瞬間に私たちの生活は一瞬にして「緊急事態モード」に突入！「お熱問題」で心得や対応施設・サービスのメリットやデメリットは説明しましたが、ここでは実際に先輩ママたちが実践している、発熱時のための準備について、より詳細にお伝えします。

病児保育登録

発熱など、体調不良の際に預かりながら看護をしてくれる病児保育は、働く親の強い味方。ただし、かけこめば受け入れてくるものではないのです！ 事前登録が必須なので、早めの準備をしましょう。

【a. 病児保育施設】

自治体のホームページには、自治体提携の病児・病後児保育を実施している施設・病院の一覧があるので、まずはどこで実施しているのかを確認。また、自治体連携外でも病児保育を行う施設はあります。病気の時に子どもを看てもらう大事な場所ですので、しっかり調べて備えましょう。

ほとんどの施設で事前登録が必須。提携施設の場合、申請書類は自治体のフォーマットであることが多いのですが、申し込み自体は各施設の場合が圧倒的。書類もかなりの分量があるので、育休中に場所の確認を含めて事前に登録に行ってみるのが吉。

また、病児保育の利用には、必ず病院での受診が必要。施設によっては病院を指定される場合もあるので、実際の預け入れのシミュレーションをしておくのがベター。指定院の開院時間を確認し、受診後に連れていく流れなど、出社の際のイメージを合わせておきましょう。

病児保育は定員が少ないうえに、前日利用した人の継続利用が優先となるので、枠が埋まりがち。「保育園から電話が来たら、お迎えに行く道すがらすぐに病児保育の予約の電話をする!」という先輩ママも。複数の選択肢を取れるよう準備しておくと安心です。

保育園より荷物が多いのも病児保育の特徴。着替えやオムツに加え、水分補給用の水筒、ミルク、タオル、食事も出ない所がほとんどなのでお弁当も必要。事前に持ち物を各施設に確認し、書類の写真やメモを携帯電話に入れておくと安心です!

【b.病児保育シッター】

訪問型の病児保育もあります。体調の悪い子を外に連れて行かなくて済み、別の病気をもらう心配がないのがメリット。一方、施設型より高額になりがち、自宅に来てもらうハードルの高さなどがデメリットです。

新型コロナウィルス感染症の影響で、病児保育の依頼には事前面談が必須なシッターさんが増えました。事前に訪問してもらい、必要な物の場所や親子との相性確認を済ませておくと、突然の体調不良の場合も安心してお任せできます。

病院&薬局探し

子どもの急な発熱や病気・けがの時に慌てないためには、病院リストを持っておくことも大事。下記は実際に先輩ママの頭の中にある、病院の一覧です。

【a.オンラインで、「時間指定」の予約が取れる小児科・耳鼻科】

自宅近隣で、「オンライン予約」で「時間指定」ができる病院がおススメ。「順番予約」の病院は時間が読みづらいので、「時間指定」だとスケジュール調整も楽。

小児科はもちろんのこと、発熱&鼻水セットの症状が多く、中耳炎が癖になる子も多いので、耳鼻科もリストに入れておくと安心です。他にも皮膚科・眼科のかかりつけ医を持つと、子どもによくあるトラブルに対応できます。そして一番重要なのは、休診日が被らないようにいくつかの候補を持っておくことです。

【b.深夜・土日診療の病院・往診サービス】

土日や深夜に体調を崩すことを考え、診療してくれる病院を調べておくのも大事。近隣で救急診療をやっている総合病院、土日診療をしている小児科もあるので、ぜひ調べておきましょう。

また、近年、深夜や土日に往診に来てくれるサービスも増えてきました。各サービスによって対象地域や対象診療科目、申し込み方法などが違うので、事前チェックは必須。感染症の検査が可能なところや、処方薬を持参してくれるところもあり、ワーママの強い味方です。保険診療をしてくれるので、通常の医療費＋交通費で往診してくれるところがほとんどです。

【c.アプリで処方箋が送れるor薬を届けてくれる薬局】

具合の悪い子どもを連れて病院に行き、診察後に薬局に行って薬を待つのは大変。機嫌が悪く泣き続ける子もいます。そんなときに便利なのが、アプリから処方箋を送ると薬を準備しておいてくれる薬局。取りに行きやすいように自宅と会社、それぞれの近くでかかりつけ薬局を持っておくと便利です。最近は薬を自宅まで届けてくれるサービスも出てきました。さまざまなケースで使い分けられるよう、シミュレーションと下調べが大事です！

〈生活面の準備〉

次は生活面の準備。第2章にある通り、子育てと仕事の両立にはさまざまな苦労がありますが、ここでは先輩ママたちを支える知恵を紹介します。

❶ パートナーとしておくこと

家事分担の必要性と潜む魔物

インターネットで検索すると「家事分担表」がたくさん並んでいるので、ぜひパートナーと一緒に見てください。「見えない家事」「名前のない家事」を一緒に確認することで、互いにちょっとしたことに気が付きながら家事を分担していけるはず。

ここで意外に多いのが「分担したことでストレスが増えた」という声です。もちろんお互いが分担を守って生活していけるのが理想ですが、なかなかそうもいかないのが実状です。

パートナーが分担した家事をしないのでついつい手を出したり、自分ができていないケースもあるので改善を促すにも気が引けたり。分けてみることで不公平感を覚えたり、繁忙期の違いによって負担の調整が難しくなったり。きっちり分けたら逆に負担になった、なんてことも。

先輩ママからのアドバイスとしてお伝えしたいのは、「家事への許容度のすり合わせ」をすること。「部屋はどのくらい汚れていてもOKか」「食事はどのくらい手作りにしたいか」など、許容度を知っておくのがストレス軽減の鍵です。

例えば、パートナーが「トイレ掃除」の担当で、互いの「トイレ掃除をするレベル」が異なっている場合。ママが先に掃除したいレベルが来ると、「なぜ当番なのにトイレ掃除しないのか?」→「パートナーは家事を分担をしてない」と変換し、イライラが募ります。しかし、パートナーとしては「もっと汚れたらするつもりだった」→「なぜイライラされているかわからない」といったすれ違いが日本中の家庭で起きています。

家事を分担するのであれば、「先に気になりだす方を担当する」「頻度で決める」など、許容度の曖昧さを残さない運用にするのがストレス回避の鍵。

一方で、担当を固定せずに緩やかな分担にするのも方法の1つ。この場合は「気になったことやお願いしたいことは、イライラする前に伝える」「お互い様の精神で協力し合う」など、メンタル面でのルールを事前に共有しましょう。

また、どうしてもママの方が得意だったり、気がついたりすることが多いのが家事。その分、土日にパートナーに子どもを連れて出かけてもらったり、レジャーの計画をお願いしたり、家事以外の部分で分担するのも一案です。家事は便利家電や外注を活用して、やるべき分量を減らすという判断も○。その際も一緒に話し合って決めることに意味があります。話し合って、「この部分は楽をすると決めた」という共通認識があれば、あとから「なんでそんなに外注しているの? 手抜きしているの?」と言われるような最悪のストレスも回避できます。

スケジュール共有

送り迎えの分担方法は各家庭であると思いますが、残業や会議、会食・飲み会なのでお迎えに行けない日、いつもより早く出社する日を共有する方法を作っておくのはマスト。カレンダーに手書きするのもOKですが、外出先でもチェックできるようにカレンダー共有アプリがおススメです。

家族のイベント、保育園のイベントや習い事、通院や予防接種なども併せて管理しておくと便利です。特に子どもの予定はママの頭の中で管理されることが多く、ママがうっかり忘れるとパートナーは気が付けないということになりがち。スケジュールを共有してバックアップ体制を作ることで、うっかりミスも減るので、小さな予定もじゃんじゃん共有しましょう!

② 家事をラクに!

パートナーとの家事分担については前述しましたが、家事をラクにする準備も大事です。第2章で紹介しているように、家事代行を使うのも一手です。ただコストもかかるので、外注に踏み切れない場合は便利家電を導入するのも○。こちらも安くはないので、なにをどこまで導入するのかは検討が必要です。

そこで、手っ取り早く時短できるのが、ネットスーパーや生協など通販の活用です。日々のお買い物は地味に大変。通販で必要なものは定期配送を設定しておくと買い忘れがありません。また、各ネットスーパーは料理キットも充実。切ってある食材がセットになっていて、混ぜるだけ・焼くだけ。料理キットは忙しい夕食時間帯の強い味方です。復職前からいろいろ試し、家族のお気に入りを増やしておくと、考える手間も省けて楽ちんです。

しかし、ネットスーパーも買いすぎてしまうことで、「今日は疲れて料理したくないけど食材がもったいないのでやらなきゃ」とか「食材をダメにしてしまった」など、「作らなければいけない環境」を自分で生み出してしまうことも。復職前からちょうどいい発注量を探っておきましょう。

食材のほか、洗剤やおむつなどの日用品、赤ちゃんのミルクなども通販サイトで定期購入の頻度を探り、設定しておくと、重いものを仕事帰りに買う手間や労力をなくせます。ただ、こちらもいらない物（サイズアウトしたおむつなど）が届いてしまうことがしばしば。定期購入品のアップデートは定期的に、できればカレンダー共有アプリに入れておいてパートナーと一緒に見直しましょう。

3 緊急時の備え

発熱対応と似ていますが、とにかくイレギュラーな出来事が多い子育て家庭。緊急事態に家族でどう対応するか、よく検討しておきましょう。

保育園の第1連絡先は？

保育園から連絡が来た時に取るべき行動の優先順位と分担

お互いどれくらいの自由度があるかのすり合わせをし、
当日は以下をすぐに相談できるようにしておく

◆お迎え　◆翌日以降の体制

（どちらがどのくらい休めるか、どちらも休めない場合は病児保育の手配、病児保育の場合の準備）

どっちも休めず、病児保育が満員な時に頼める先を探しておく
（祖父母、親戚、友人）

上記は特にパターンとして多い「子どもの病気」を想定して記載していますが、自分やパートナーが体調をくずした場合、出張で家を空ける場合など、通常とは異なるケースを想定して検討しておきましょう。

〈自分のこと〉

最後に後回しにしがちなママ自身のことを考える時間を持ちましょう。

母乳育児をしていた人は、卒乳するのかを決めましょう。卒乳に向けたスケジュールは自分でも可能ですが、地域の助産師が乳房マッサージなどと合わせて組んでくれるので相談してみましょう。

また、産休前の仕事着が着用できるかも確認してみてくださいね。洋服に加え、下着のサイズが変わっていることがあるので、一通りチェックしてみましょう。靴も送り迎えがあるので、歩きやすい仕事靴があると便利です。

3章 02 復職準備（職場編）

復職面談などの復職に向けて会社と話す機会に、自分の意向や働き方に関して漏れなく伝えるために準備しておきたい面談チェックリスト。

厚生労働省が提供している「育休復帰支援面談シート」の記載項目は以下です。

- ✓ 職場復帰日の変更希望はありますか？
- ✓ 就業中の保育者（予定）を教えてください
- ✓ 保育園利用予定の場合、現在の状況を教えてください
- ✓ 日常的に育児のサポートを受けられますか？
- ✓ 緊急時に育児のサポートを受けられますか？
- ✓ 勤務時間についての希望を聞かせてください
- ✓ 所定外・時間外労働に関して配慮が必要ですか？
- ✓ 遠距離の外出や出張に関して配慮が必要ですか？
- ✓ 職場復帰後の業務内容や役割分担などについての要望はありますか？
- ✓ 仕事をする上で、周囲に配慮してほしいことはありますか？
- ✓ その他、復職に向けて相談・連絡事項はありますか？

ぱっと見、必要な質問事項が網羅され、特段問題がなさそうに見えます。しかし、いざ書いてみようと思うと、具体的になにを考慮して準備すればいいのか、迷うことが多いもの。

そこで、実際に先輩ワーママたちが復職面談に向けて考慮してきたことやコミュニケーションを取ってきた事項に関して、大きく3つのポイントをお伝えします。

Point1

日常的に育児のサポートを受けられますか？
緊急時に育児のサポートを受けられますか？

❶ **受けられる**（配偶者／親・親族／民間サービス／その他）
❷ **受けられない**

育児のサポートと言われてもなかなかイメージしづらく、聞く目的もわかりにくい質問だと思います。ここでは具体的な1日の流れと合わせ､実際どの部分にどういったサポートが入るのか、また緊急時にはどういった追加サポートが見込めるのか説明すると、上司にも家事と育児の難易度を一緒に伝えることができると思います。

何時に起きて、何時に保育園に送っていき、通勤時間にどのくらいかかり、
何時に出社するのか
お迎えは何時までで、何時にオフィスを出なければいけないのか
送り迎えそれぞれ、パートナーとどの程度の分担をしているのか
分担変更の難易度
シッターや祖父母等のサポートの頻度
緊急時に入る事が可能なサポーターなど

平時と緊急時における1日の生活スケジュールを、登場人物とともに具体的に伝えるといいでしょう。
すると、この次の「Point2」で問われる質問についてもスムーズにコミュニケーションができます。

Point2

勤務時間についての希望を聞かせてください

❶ **育休取得前と同じ働き方をしたい**

❷ **「育児時間」**（1日2回各々少なくとも30分。子どもが1歳になるまで）**を利用したい**

❸ **所定内労働時間を短縮したい**

［　　時　　分～　　　時　　分］

→時間短縮を希望する場合、期間はいつまでを考えていますか？

（　年　月まで）

❹ **深夜労働・休日労働を免除してほしい**

→免除を希望する場合、期間はいつまでを考えていますか？

（　　　年　　月まで）

❺ **その他**

所定外・時間外労働に関して配慮が必要ですか？

❶ **所定外労働の免除**

❷ **時間外労働の制限**（月24時間、年150時間まで）

❸ **その他**（　　　）

この質問はPoint1とセットの回答になります。具体的な1日のスケジュールと家事育児へのあなたのコミット度により、可能な業務時間がみえてきます。無理をして「なんでもできる」と答えても家庭も仕事も忙しすぎて倒れてしまうし、控えめすぎてもマミートラックに乗せられてしまいます。

特に働き始めて気がつくのは、早朝残業・深夜残業を活用するママが多いこと。夕方～夜の寝かしつけまで、一般的な「残業時間」にあたる時間が拘束されるのが子育て。そこでの残業ができない分を、寝かしつけ後の深夜に行うママや、子どもと一緒に寝てしまい、早朝に起きて仕事をするママが一定数いること。

残業がないような業務設計や引き継ぎ相手も必要ですが、どうしても自分でやりたい、自分で終わらせたい仕事に対してはフレキシブルに時間を使いたいはず。一方で深夜／早朝残業はいい印象を持たれなかったり、過度に心配されたりといったことが起きやすいワークスタイルです。働ける時間についても具体的な生活スケジュールを用いて、仕事をするタイミングや時間帯にストレスを感じないように、会社側とコミュニケーションをとっておくのもいいでしょう。

Point3

> 遠距離の外出や出張に関して配慮が必要ですか？
> 職場復帰後の業務内容や役割分担などについての
> 要望はありますか？

いよいよ自分がどう働いていきたいのかの根幹をなす質問です。ここで重要なのは、Point1・2で整理した、「自分にとっての現実的な稼働時間や自由度」と、Point3で整理する「自分がどう働きたいか」に乖離がないようにしておくことです。

ワークライフデザインシートを作ってみた方は、復職というピンポイントでの希望を伝えるだけでなく、中長期でどういった生活パターンに移行し、その中でどういったキャリアを歩みたいと思っているのか、このタイミングで伝えることをおススメします。上司と共に、より先を見据えたキャリアパスを設計していくいいキッカケになります。

あ　と　が　き

『先輩ワーママと考える 仕事と育児のちょうどいいを見つける本』を、最後までお読みいただきありがとうございます。

自分が子どもを産んで働き始めて、ワーママってなんでこんなに大変なんだろう。この大変さはどこから来ていて、どうしたら少しでもこの大変さを軽くできるんだろう……？

そんなふとした問いがこの本を作るきっかけになりました。

この本を読んだワーママ、プレワーママのみなさんの気持ちがちょっとだけ楽になったり、少しだけ前向きになったり、未来に向けて明るい思考ができるようになったりしたら、こんなにうれしいことはありません。

2022年の日本のジェンダーギャップ指数は146カ国中116位と先進国の中でも著しく低く、改善してきているとはいえ、まだまだワーママが働き続けるにはたくさんの障壁がある国に暮らしていると思います。

著者の私たちが動いてもすぐに、社会や仕組みを変えることはできません。大変である日常は変えようがありません。けれど、私たちは、自身の考え方や捉え方を変えることで日々の生活が「ふっ」と軽くなる経験をしてきました。その「ふっ」と軽くなる瞬間のきっかけを、本書を通じて得ていただけれけるといいな、と願っています。

よいママでありたい、よいパートナーでありたいと同時に、社会の中でも一個人として価値のある存在でありたい。ママである人生も、パートナーとしての人生も、社会人としての人生も、悔いなく過ごしたい。そう願うことは当たり前のことで、実現に向けて、周りの人の手を借りながらもがいていくことを遠慮する必要はきっとないと思うのです。

毎日がんばっているあなたへ

『今日も夕方、夕飯を作りながら、疲れに任せて子どもを怒ってしまった』

『子どもがお熱を出してしまって、仕事は中途半端のまま呼び出され、明日は体調の悪い子を病児保育に預けなければならない』

『子どもを寝かしつけて部屋を見たら、空き巣でも入ったかというくらい荒れている』

『子どものそばにできるだけいたい、でも、一度仕事をやめたらもう社会から分断されそう』

などなど

息つく暇もないほど目まぐるしくすぎる毎日の中で、やりきれない感情やストレスを抱えながら、自己嫌悪にさいなまれて、あなたが泣いていないか、心配です。

そして、端からワーママが駆け回る姿を見て、恐れおののいている若い世代やプレワーママが両立の一歩に踏み切れなくなってしまっていないか、心配です。

そもそも全部なんてできない。あなたは1人しかいないし、1日は24時間しかない、そしてみんな平等に大事にされるべき人です。

ママだって仕事に野心を描いていいし、働きながら子どもとの理想の関わりを続けていくことだってしていい。あなたのその思いは尊重されるべきものです。

自分のことや自分の想いよりも、家族や会社を優先してがんばるワーママのあなたは本当にえらいし、すごい。でも、あなたの想いや希望を第一優先にすることを、どうかまずは「あなたが認めて」あげてください。

そうすれば自然と自分にとってなにがバイアスだったのか、なにがやりたいことでなにがやりたくないことなのか、どのような支援が自分に必要なのか、少しずつクリアになっていくのではないかな、と思います。

子育ての悩みも仕事の悩みも、時を経てその形や性質はどんどん変わっていき、日々新しい悩みに直面し、そして過去の悩みを忘れていきます。そんな日々の中で、あなたがあなたらしく生きていくためのちょっとした武器として、「無意識のバイアスから抜け出す」「自分の心地のいいライフデザインを目指す」という2つの思考の癖をお渡しできていればうれしいです。

筆者の私たちもまだまだ悩みの真っ只中にいる、ごくごく普通のワーママです。

それでも、こうしてがんばれているのは、お互いに愚痴を言ったり、弱音を吐いたり、本まで一緒に書いたりできるワーママ仲間がいるからです。

本書があなたの悩みや愚痴をそっと受け止めてくれるワーママ仲間の1人として、あなたのそばにいられればいいな、と思います。そして、あなたと同じように毎日奮闘している私たち筆者、同じように悩んで本書を手に取ったワーママがあなたの仲間であることを時々思い出してほしいなと願うばかりです。

一緒にがんばろうね。

あい／あこ／さゆ／のま／まみ

最後に本書を作るきっかけを与えてくれたWomen's Start-up Lab／Amelias代表の堀江愛利さんにこの場をお借りして感謝申し上げます。

参考文献　URLはいずれも2023年1月31日参照

横浜の産み育てを考える会「産前産後の妻を守るためのガイドブック」
https://drive.google.com/file/d/19OpLGZBe8vS5W7nAQBeCRX_vDjeRwxy7/view

Pigeon にっこり授乳期研究会「しあわせ授乳サポートBOOK」
https://www.smile-lactation.com/jp/actibook/lactationsupportbook/

ニチイキッズ「ニーズが高まる産前・産後サポート」
https://www.nichiikids.net/special/pdf/special04.pdf

東レ経営研究所ダイバーシティ＆ワークライフバランス研究部長・渥美由喜「夫婦の愛情曲線の変遷」

厚生労働省「平成27年度　乳幼児栄養調査結果」
https://www.mhlw.go.jp/file/06-Seisakujouhou-11900000-Koyoukintoujidoukateikyoku/0000134207.pdf

博報堂こそだて家族研究所「子どもの睡眠・寝かしつけ」調査
https://www.hakuhodo.co.jp/uploads/2018/12/20181210.pdf

愛媛大学医学部附属病院 睡眠医療センター「未就学児の睡眠指針」
https://www.mhlw.go.jp/content/000375711.pdf

（公社）日本理学療法士協会　理学療法ハンドブック シリーズ10「女性のライフステージ」
https://www.japanpt.or.jp/assets/pdf/activity/books/handbook10_whole_210308.pdf

上田礼子『日本版デンバー式発達スクリーニング検査（増補版）』、医歯薬出版株式会社

NHK「すくすく子育て情報　体の発達の心配」
https://www.nhk.or.jp/sukusuku/p2016/665.html

国立研究開発法人　国立成育医療研究センター「乳幼児健康診査　身体診察マニュアル」
https://www.ncchd.go.jp/center/activity/kokoro_jigyo/manual.pdf

前川喜平・小枝達也『写真で見る　乳幼児健診の神経学的チェック法』、南山堂

河原紀子『0歳〜6歳　子どもの発達と保育の本』、学研プラス

厚生労働省「授乳・離乳の支援ガイド」平成19年3月14日版
https://www.mhlw.go.jp/shingi/2007/03/dl/s0314-10.pdf

野原 理子・冨澤 康子・齋藤加代子「保育園児の病欠頻度に関する研究」東京女子医科大学雑誌第87巻第5号
https://www.jstage.jst.go.jp/article/jtwmu/87/5/87_146/_pdf/

Kathleen McGinn,Harvard Business School「Kids of Working Moms Grow into Happy Adults」
https://hbswk.hbs.edu/item/kids-of-working-moms-grow-into-happy-adults

東洋経済オンライン／The New York Times「『父親』が育児に携わった子が優れている理由」
https://toyokeizai.net/articles/-/230919

厚生労働省「労働経済の分析─イノベーションの促進とワーク・ライフ・バランスの実現に向けた課題─」
https://www.mhlw.go.jp/wp/hakusyo/roudou/17/dl/17-2.pdf

厚生労働省「育休復帰支援プラン」策定マニュアル
https://www.mhlw.go.jp/stf/seisakunitsuite/bunya/0000067027.html

著者プロフィール

あい

社交性の高い長女と、マイペースな次女の年子姉妹のママ
口ぐせは「ケンカしないで～」
趣味はテニスとスキーのアクティブ派
IT系メガベンチャー勤務

あこ

超・超あまえんぼう男子兄弟のママ
口ぐせは「ごめん、ちょっと待ってて～」
趣味はうたた寝とつまみ食い
専門職個人事業主

さゆ

我の強い女子と、ぼんやり男子の2児のママ
口ぐせは「それいいじゃーん!」
趣味は、寝ること、おいしいお酒を飲むこと
飲料メーカー勤務

のま

元気爆発男児2人とマイペースな2匹の保護猫のママ
口ぐせは「え、どうしてそうなったん?」
趣味は筋トレ
メガベンチャー勤務

まみ

たまにはケンカもするけどいつも仲良しな双子娘のママ
口ぐせは「仲良く遊ぼうね～」
趣味はお料理とたまにお菓子作り
商社勤務

ゆままま（イラストと漫画）

広告やキャラクターを作るアートディレクター、イラストレーター。10万2000を超えるフォロワーを持つInstagramにて、6歳児「ゆま」と1歳児「ちょり」のクスっと笑える成長を記録した、保育園の連絡帳を掲載（2023年1月現在）。著書に『せんせい、うちのコがタイヘンです。』（ジー・ビー）、イラストを担当した書籍『やらねばならぬと思いつつ ～超初級 性教育サポートBOOK～』（シオリーヌ著／ハガツサブックス）がある。

先輩ワーママと考える

仕事と育児のちょうどいいをみつける本

2023年2月24日　第1刷発行

著者　あい・あこ・さゆ・のま・まみ

デザイン　中川理子　榎本美香　坂井恵子
イラスト　ゆままま
校閲　国安奈津子
編集　佐伯香織

発行人　千吉良美樹
発行所　株式会社ハガツサ
〒154-0004
東京都世田谷区太子堂2-17-5　3F
電話　03-6313-7795
https://hagazussabooks.com

印刷・製本　モリモト印刷

ISBN978-4-910034-14-0　C2077